北京外国语大学语言学研究丛书

刘润清　胡壮麟　主编

语言测试和它的方法

（修订版）

Language Testing and Its Methods

刘润清　韩宝成　编著

外语教学与研究出版社
FOREIGN LANGUAGE TEACHING AND RESEARCH PRESS
北京 BEIJING

图书在版编目（CIP）数据

语言测试和它的方法：修订版／刘润清，韩宝成编著. 2 版. — 北京：
外语教学与研究出版社，1991.11（2025.4 重印）
（北京外国语大学语言学研究丛书／刘润清，胡壮麟主编）
ISBN 978-7-5600-1765-5

Ⅰ. 语… Ⅱ. ①刘… ②韩… Ⅲ. 语言能力－测验 Ⅳ. H09

中国版本图书馆 CIP 数据核字 (1999) 第 72470 号

出 版 人　王　芳
责任编辑　申　葳
封面设计　殷志维
出版发行　外语教学与研究出版社
社　　址　北京市西三环北路 19 号（100089）
网　　址　https://www.fltrp.com
印　　刷　北京盛通印刷股份有限公司
开　　本　850×1168　1/32
印　　张　8
版　　次　2000 年 5 月第 2 版　2025 年 4 月第 29 次印刷
书　　号　ISBN 978-7-5600-1765-5
定　　价　15.90 元

如有图书采购需求，图书内容或印刷装订等问题，侵权、盗版书籍等线索，请拨打以下电话或
关注官方服务号：
客服电话：400 898 7008
官方服务号：微信搜索并关注公众号"外研社官方服务号"
外研社购书网址：https://fltrp.tmall.com

物料号：117650101

记载人类文明
沟通世界文化
www.fltrp.com

编者的话

这本小书是为普及语言测试知识而写的,它是为大学英语专业教师、师范院校师生,特别是中学英语教师编写的。它对语言学专业的学生,对准备参加各种水平的英语测试的学习者也有参考价值。

本书介绍基础知识,都是采取从头说起的写法。编写本书的依据是:1.国内外出版的有关语言测试的专著和论文;2.编者自己的教学经验和测试经验;3.大量已经使用过的英语试卷和试题。为了不分散读者的精力,书中提到的理论和观点,不一一说明出处。书后列参考文献,供读者进一步研究。书中引用的试题例证,95%引自已经出版的各种试卷和练习;有的作为范例而引,有的略加评论。此外,在有些章节后面,附录了若干试题样本,供读者参考。作者希望通过研究这些试题样本,可以加深对有关测试理论的理解。

书中的遗漏和错误,在所难免。欢迎读者指出,以便改正。

刘润清

于北京外国语大学

许国璋序

对于广大英语教师,语言测试是一个既熟悉又不熟悉的课题。说熟悉,是指经验的感受。说不熟悉,是指科学的分析。

当英语老师的,谁不学过十多年英语? 谁不曾经过几百次测试? 过去嘛,不过是拼写、听写、填空、造句、作文;开放以后,引进了多项选择、完形、识别错误、改变句子等等花样,都领教过了,看不出什么太深的道理。

持这样的想法的同志是不少的,他们觉得凭经验办事就可以了。如果问:这样测试是为了什么目的? 会取得什么样的结果? 取得的结果将怎样衡量? 衡量的方法有哪几种可供选择? 他们会觉得麻烦,甚至认为多此一举。他们缺乏科学思考的习惯。

举个例说。出版社招考一批工作人员,工作层次不一,应考者水平不一,其中有一项是英文水平的测试。这份试卷该怎么出?

很明显,试卷不能太单一,因为只有一个笼统的分数看不出读、听、写、译的水平,也看不出文化素质。

试题不能太少,也不宜太难或太易,也即是试题的覆盖面要大,大多数人在 30 分以上(题太难),或大多数人得 80—90 分(题太易),都不利于选择。部分试题可以采用多项选择,但全部用多项选择,将不易测出考生的文化素质。后者对出版工作是重要的。

结论:试题不少于 150 道,难的占 25%,易的占 25%,中的占 50%;试题有机械的填充和选择,也有半机械的造句,也有根据情境答题,也有允许自由发挥的。各题分值不一,满分为 500 分。根据情况定出目录取段。

上面所举的是设想的例子,具体情况一定还要复杂得多。总之要分析思考。分析思考确是本书的一大优点,作者在提出一种方法之前,总是先提出持不同观点的意见,例如第二章"出考题还不容易?";第三章"目前常见的以测试代替正常教学的做法对不对?";第四章"多项选择的命题难在什么地方?"这些都有启发思考的作用。

又如第六章讲听写,首先提出反对用听写作为测试一派人的意见。凭经验的老师也许会想,听写是几十年都用过来的老办法,有什么可反对的?但是仔细读一读反对者的意见,听写试卷确有不足之处。它所暴露的错误有属于听力的、有属于拼法的、有句子结构的、有属于词汇掌握的,原因是多种多样的。教师可以通过听写得出学生的一般印象,但很难说出重要毛病在什么地方,作为发现问题的手段,听写是有缺点的。

但是,作者接着说,尽管缺点是有,听写仍不失为一种有用的测试。作者又把这一点做了充分的交代。一本教学法的书,说理透彻,叫人感到理论上满足,是很可喜的。本书的另一个优点是切实、具体、立刻用得上。这一点落实在一系列的"如何"上:

如何设计多项选择题目

如何设计完形测试

现代测试中听写和翻译的设计

如何设计词汇测试

如何设计语法测试

如何设计阅读理解测试

如何设计听力测试

如何设计口语测试

如何设计写作测试

最后,本书还对我国自行设计的"英语水平测试"和美国的"托福"、英国的"剑桥英语水平测试"、美国的"国际交流测试"等的总体设计做了比较(见第十三章)。第十四章有一个美英两国各种测试的附录,概述每一种测试的设计者、通讯地址、测试目的和测试内容。计美国有:水平测试6种,当面谈话测试2种,学习成就测试6种,潜能测试3种;英国各类测试8种。这一附录使我们看到多年前我们引进英美两国水平测试以来,国外的同行们又有很多新的发展,从中学到大学到职业外交官考试,从考场测试到圆桌口试,从水平测试到(天赋的)潜能测试,从统一测试到分级测试,从语言测试到教育程度的及格测试,从一种语言到几十种语言的水平测试,分工愈益精细,计分愈益精密,与 10 年前大不相同了。本书所概述的,还是初步的,但是对于广大英语教师,确是一本启蒙开道的好书。

修订说明

　　《语言测试和它的方法》是 10 年以前许国璋先生督促我编写的。写完之后，许先生十分高兴，并为之作序。他当时对我讲："语言测试理论是有用，值得研究的。这本书至少对在外语老师中普及语言测试知识是会有推动作用的。"

　　《语言测试和它的方法》出版已有 8 年。这几年中语言测试的理论与实践又有新的发展，而且我也发现原书在体系上和具体论述上有些不合适的地方，例如，如何分析测试成绩和评估一套试题的质量就没有专章讲解。所以，我与出版社商定，委托韩宝成同志对此书作一番修订。韩宝成同志是许先生招收的博士生，后来在我的指导下完成论文毕业，主攻语言测试和计算机应用。他对原书的系统作了调整，章节内容作了实质性的增加和修改，并且增补了两章有关统计学的基本知识。这样一来，该书显得更全面了，跟上形势了，结构也更合理了。对韩宝成同志的认真工作，我在此表示感谢。

　　不论如何修订，我们仍然是在写一本启蒙性的教科书，介绍语言测试基本知识，一切从头讲起；仍然是为了普及语言测试知识，提高我国外语测试质量，促进外语的教和学。我们参考了诸多国内外文献，但并未一一注明。我们也引用了不少已出版过的试题和练习，也没有一一讲明出处。在此，我们谨对有关作者一并表示感谢。

　　书中可能还有些遗漏和错误，敬请读者指出，待再版时纠正。

刘润清

于北京外国语大学外国语言研究所

1999 年 6 月 10 日

目　　录

第一章 语言测试的性质、目的及类别

作为语言教师,我们几乎天天和测试打交道。比如说,每次讲授新课之前,可能抽出几分钟的时间复习一下上一课学过的知识,或做单词拼写,或做短文听写等。每教完一课书,可能要进行一次测验,检查一下学生对本课掌握的情况。到学期中间,一般要进行期中考试,期末还要进行期末考试等等。在这样的一个教学过程中,我们不仅可以看到学生的学习及进步情况,同时也了解到教师的教学效果。因此,教学离不开测试。现代教育理论的发展,尤其注重人的素质的教育,强调发挥学生的主观能动性,强调因材施教,要检验教学的效果,离不开对学生的评价,通俗地讲,就是对学生进行测试。

一提到测试,有的老师会认为,"那还不容易?"他之所以认为容易是因为他经常给学生考试,出过多次试题,有些现成材料;或改卷多次,积累了一些试题;或可以估计学生可能在哪些方面弱一些。甚至有的老师认为市场上有各种各样的试题集,从中选些题目,拼成一份试卷,拿去考考学生不就行了吗?等等。这些看法实际上是对测试的一种误解,或者说对测试的性质以及测试题目设计的复杂性估计不足。

为了正确地、更好地、更有效地运用测试手段来检查学生的成绩及评价老师的教学效果,我们认为有必要对测试以及与测试有关的一些基本概念进行必要的说明。

1.1 几个基本概念:测量,测试,评价

除测试之外,工作中我们经常用到"测量"、"考试"、"测验"、"评价"等术语或说法。它们之间既有联系,又有区别,不能混为一谈。

1.1.1 测量

什么是测量?Stevens(1951)认为,"广义而言,测量(measurement)就是根据法则赋予事物数量。"也就是说,按照一定的规则给事物的属性指派数字或符号的过程就是测量。这是迄今为止公认的测量定义。

举例来讲,要测量一下桌子的高度,我们可以拿尺子来量一量,看看它有多高。尺子是人们根据一定的法则制定的量具,利用它就可以把事物的属性,即桌子的高度用数字表示出来,如,0.75米。这种测量属于客观测量,因为它基本上不受观察者的主观判断的影响。

由此可以看出,测量这一定义包含三个要素:

1. 事物及其属性

这是测量的对象或目标。上面提到的对桌子的高度进行测量,属于对物体进行测量,其属性——高度,是可以观察到的,可以进行客观测量的。在外语教学领域,我们感兴趣的是学生的语言能力,而学生的语言能力属于人的心理特征,是无法直接测量的,但是人的心理活动会在人的具体活动和行为中体现出来,所以只能通过测量其外显行为或外在表现特征来推论一个学生语言能力的高低。

2．指派数字或符号

所谓指派数字或符号，就是用数字或符号来代表某一事物或事物的某一属性的量。如张三在本次阅读考试中得了 87 分，李四得了 92 分，我们说李四比张三多考了 5 分。数字本身没有意义，只是一种符号。我们用它来代表考生的阅读成绩，这时它就变成了量化的数，可以对其进行解释和分析。在一定的条件下，还可以对数据进行运算从而对事物的属性进行推测。

3．法则

法则是指测量所依据的规则和方法，是测量的关键。法则不好或不可靠，得到的测量结果就会出偏差，失去测量的意义。简单来说，尺子不准，测量的结果就无法使人信服。对客观世界的物体进行测量时，由于有公认的测量法则或尺度，如测量物体的高度、重量等，一般不会出现大的偏差。而对人的某些特性（心理特征）进行测量时，则往往会出现较大的偏差。举例来讲，有几个评委对某学生的英语口语进行评定。评委 A 认为一个人的口语要好，必须发音准确，而该学生的发音好，所以他给打了个 5 分。评委 B 认为流利性最能体现一个人的口语水平，该同学尽管发音不错，但流利性差一些，所以她给他 3 分。同一名学生，让不同的评委去打分，成绩出现了偏差。这也很自然，原因是他们没有按照一个评定口语成绩的统一法则（rules）去给这名学生打分，结果造成了偏差。这个例子提醒我们，在对人的某些心理特征，如口语表达能力、阅读理解能力等等进行测量时，首先要制定一个便于操作的，稳定的法则或标准。这样得到的测量结果才可靠，才具有可比性。

1.1.2 测试

测试（test）又称测验。不同的心理学家对此下的定义不同。Anastasi（1982）认为，"测试实质上是对行为样本所做的客观的标准化的测量。"这个定义是人们公认的最权威的定义，它包含以下

3

三个基本要素:

1. 行为样本

语言测试的目的是要测量受试者的语言能力。上面提到,语言能力是无形的,如何去测量? 只能测量它的有形表现,这里所说的有形表现,是指语言表现,如说出来的话,写出来的句子,对测试题目所做的各种反应等等。这些行为,都是无形的语言能力的有形表现,用心理学术语叫"表征"(manifestation)。所谓行为样本,是指对语言能力表现行为的有效的抽样。我们知道,一个人的语言能力的表现行为会有各种各样的形式,测试时不可能也没有必要把它的全部表现行为都测到,只能选取一部分有代表性的抽样进行测量,然后据此对受试者的语言能力作出推测。

2. 客观的测量

所谓客观的测量是指测量的标准是否符合实际。对于一项测试的客观性程度可以从这么几个方面去评价:(1)测试题目的难易度和区分度如何;(2)测试结果的可靠性程度如何? (3)测试结果的有效性如何? 这几项指标是衡量一项测试质量的重要指标。

3. 标准化的测量

标准化的测量是指在测试题目的编制、测试的实施、记分以及对分数的解释等方面有一套严密的系统的程序。只有这样,测试才有统一的标准,对不同人的测量结果才有可比性。凡是不标准化的测量,都没有可比性。

1.1.3 评价

Weiss(1972)认为,"评价(evaluation)是指为作出某种决策而收集资料,并对资料进行分析,作出解释的系统过程。"与测量、测试相比,评价的含义更广、综合性更强。Bachman(1990)指出,决策的正确与否,一方面取决与决策者本身的能力,另一方面则取决于收集到的信息的质量。在其它条件等同的情况下,如果收集到的信息越可

4

靠,相关性越强,那么,作出正确决策的可能性就越大。所以说,评价的一个很重要的方面就是要获得可靠的、相关的信息。

在谈到评价与测量及测试的关系时,Bachman 指出,在对个体(学生)作出评价时,我们可以从质量和数量两个方面进行描述,或只描述其中一个方面。所谓质量方面的描述是指对学生的行为作出定性的描述,如某某学生的口头表达能力优秀,书面表达能力优良等;数量方面的描述则是指某次测验的分数等。对于测试、测量及评价三者之间的关系,他用下面的图来表示(见下页)。

从图 1.1 可以看出,我们在对某教育目标(或学生的行为)作出评价时不一定用到测试或测量(如面积 1 所示),这种评价属于质量评价,或叫定性评价,如指出学生在学习方面存在的问题。有时在作出评价时只需测量,而无需测试(如面积 2 所示),对学生的口头表达能力定出级别就属于这种性质的评价。如果要检查学生学习的进步情况,通常就要对学生实施测试,这又是另一种性质的评价,即只通过测试对学生的成绩作出评价(如面积 3 所示)。许多情况下,测试只是作为一种科研的工具或手段,而不是用来作出评价(如面积 4 所示),在外语教学、第二语言习得研究领域,我们经常拿水平测试作为研究的工具。不用测试便可进行测量的情况(如面积5所示)在外语教学研究领域也经常碰到,在研究学生的

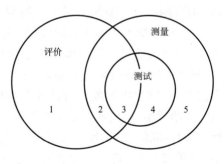

图 1.1 测试、测量及评价三者之间的关系

第二语言习得时,如果研究对象为来自不同国家的学生,人们一般按其母语情况编号。总而言之,并非所有的测量都是测试,并非所有的测试都属于评价,而且并非所有的评价活动都涉及到测试或测量。

1.2 语言测试的目的

通过上面的分析可以看出,测试,包括各种形式的语言测试,实际上是测量的一种形式,或者说是测量的一种工具(量具)。比如我们对学生的语言能力作出测量,就需要设计一份试卷对学生进行测试,然后根据测试的分数来评定学生的语言能力。通俗来讲,就是拿语言测试这把尺子,去量一量每个人的语言能力"有多高"。要想保证测量的准确性,首先必须保证这把尺子是准的,只有这样,才能达到语言测试的目的。那么,我们进行语言测试,通常要达到哪些目的,或者说,语言测试有哪些用途呢?

1.2.1 语言测试用于诊断及反馈

可以这样讲,语言测试首先是用来对学生的学习情况作出诊断,即通过语言测试来检查学生在哪些方面取得了进步,在哪些方面还存在着弱点。比如说,经过一段时间的教学之后对学生进行了一次测试,发现学生甲的阅读理解能力很弱,学生乙的书面表达能力较以前有了进步等,学生丙的发音方面还存在问题等。教师可以把这些信息反馈给学生、学校或者是学生的家长等。另外,根据这些反馈信息,针对不同的学生,教师可以制定相应的补救措施(如改进自己的教学手段等)来帮助学生克服自己的弱点,弥补自己的不足。

1.2.2 语言测试用于筛选或选拔

举例来讲,想到美国或北美其他国家大学读书的学生并非想学哪个专业,就一定能申请得到。校方除了要看申请者以前的学业成绩、有关人员的推荐信之外,还要求学生提交自己的托福成绩(TOEFL, Test of English as a Foreign Language),来决定申请者是否有资格进入某个专业学习。如果想学语言专业,而申请者的托福成绩不太好,对方就不会录取他到语言专业学习。

拿国内的情况来说,每年高考之后,有许多考生要进入外语专业学习,校方在招生时,除了要看考生的笔试成绩之外,还要对考生进行口试,以确定他是否有资格进入外语专业学习。这些都是语言测试用于筛选或选拔的例子。

1.2.3 语言测试用于编班

新生入学后,校方一般要对学生进行一次全面考查,有的称"摸底考试"。"摸底考试"的目的就是为了了解一下学生的入学水平以便把他们编入不同的教学组内,从而使各个教学组的学生在水平较近的起点上开始学习,免得大家参差不齐,互相牵制,从而影响教学效果和学习效果。

1.2.4 语言测试用科研或调查

作为教师,除了正常的教学工作之外,还要搞一些科研活动。如调查为什么在相同的学习环境下,有的学生进步快一些,而有的学生进步慢一些;影响学生外语学习有哪些因素;语言学习的过程是什么;语言习得和语言学习有什么区别;不同的教学方法会产生哪些不同的效果;不同的教材对学生会产生哪些影响等。要进行这样的调查和研究,就需要根据不同的情况设计不同的试卷,对学生进行测试,然后根据测试的结果来比较、分析、判断、验证所提出的假设等。因此我们说,搞科研离不开测试。语言测试是科研的必要手段和工具。

语言测试的目的和用途还有很多,我们举出以上这些,无非是想说明语言测试的重要性。就目前而言,亟需解决的问题是普及语言测试的基础知识,让广大语言教师知道语言测试的基本原则,设计测试题目的方法及要求,设计出一套好的试题要从哪几个方面去考虑,如何对考试的分数作出解释,如何评估考试题目等。这项工作是外语教学改革中的重要任务之一。

1.3 语言测试的类别

Henning(1987)指出,语言测试有多少个目的,就会有多少种测试类别。此话的确有一定道理。我们设计任何测试,并非总是按照一个模式来进行,测试的目的不同,试卷的内容和要求自然不会一样。下面我们根据不同的划分标准,看看语言测试有哪些类别。

1.3.1 按学习阶段来分

如果按学习阶段来分,一个学期内可能有以下几种测试。

1. 编班测试(placement test)

编班测试往往是在新生入学后对学生进行的全面检查。目的是为了把学生按照程度不同进行分班或分组。现代教育理论强调因材施教,对不同类型、不同水平的学生要分别采取不同的教学方法、不同的教学内容。编班测试关心的是受试者目前的知识水平及能力,它考查的是学生的整体能力。这种测试把学生分出几大组就可以,不用区分得十分细致。

2. 随堂测试(classroom test)

这是指每教完一课书之后进行的小型测验。这种测试份量小,时间短,不超出一周的教学内容,形式可以多样:拼写、听写、填空、释义、翻译等。最重要的是,题目不宜过难,大部分项目是复习本课知识,同时复习前面的知识。但是,设计这种测试也不是信手捻来的。负责的教师应该从长计划、分课安排,保证这一系统的测试有目的性、连续性、系统性。比如像冠词、介词的用法,首先确定一个学期的目标,然后分散到几次随堂测试中去,使一些重点项目不时地得到体现。这样做有助于帮助学生明确学习重点,帮助教师掌握教学情况。

3. 期中测试(mid-term test)

学期中间,一般要停课一周,进行复习,然后进行一次比较系统的测试。这种测验,不仅让学生在心理上有阶段感、轻松感,而且使学生有机会独立思考,对知识进行系统化。语言的规则不是互不相干的,而是密切联系的。孤立地学习一条规则时,学得再好也有局限性:由于学生所接触的素材有限,对规则的理解仍很肤浅。到了一定阶段,有机会把几条规则联系起来使用,是很有益处的。期中测试有利于这种认识过程。为了达到这个目的,期中测试的设计更应该加以研究。它不仅要体现教学大纲,突出重点项目,而且在随堂测试的基础上,要具有一定的综合性和系统性。使试题具有综合性和系统性是很不容易的,决不像某些教师认为的那样,只要考最后两三课书(自然是比较难的)就可以了。殊不知,最后两三课书不一定有代表性;不能说最后的语言事实学好了,前面的也一定都会了。应该说,某种语言事实或规则以不同形式多次出现过。设计的题目要能引导学生去对这种事实或规则进行综合分析,从而在更高的水平上认识它,掌握它。

4. 期末测试(end-of-term test)

与以上三种相比,期末测试应范围更广,分量更重,时间也更长些。期末测试有三个目的:促使学生巩固所学知识,评价一学期的教学效果,调整下学期的教学安排。设计期末测试的原则是,以教学大纲为依据,全面反映出该学期学生应该掌握的教学内容,但是不再严格地参考教科书的具体内容,而是变化语言材料来考查学生对所授知识的掌握,同时测定学生解决问题的能力。

1.3.2 按用途来分

按照测试的用途来分类,可以分出四类语言测试:水平测试(proficiency test)、成绩测试(achievement test)、潜能(或素质)测试(aptitude test)及诊断测试(diagnostic test)。

1. 水平测试

水平测试用来测量学生的语言能力,即看看考生是否达到某一水平,从而决定其是否能胜任某一任务。这种测试与过去的教学内容和学习方式没有直接联系。它不考虑考生从前学过没有,也不考虑是如何学的。像美国的托福考试、英国的剑桥英语水平证书测试(University of Cambridge Certificate of Proficiency in English)、我国自行设计的英语水平测试(English Proficiency Test,简称EPT)等,都属于水平测试。

2. 成绩测试

成绩测试考查学生对所学知识的掌握,它一般要参考某种教学大纲,甚至考虑到教学方法。上面讲的随堂测试、期中测试和期末测试,以及各学校的毕业考试,都属于成绩测试,因为它们都是针对以前所学的内容而设计的。我国的高考外语试题严格来讲属于成绩测试,因为它必须参考中学的外语教学大纲;但它又是水平测试,因为它常常包括一些考查学生解决问题和分析问题的能力的项目。

3. 潜能测试

与水平测试不同,潜能测试用来预示学生学习某种语言的潜力和天赋。它不基于某种教学大纲,也不关心考生目前学会了多少东西。有时考生可能从未学过或从未接触过这种语言。现代心理学研究发现,有的人天生可能就有学习语言的天赋,利用潜能测试就可以发现和鉴别这些人材,以便发挥他们的特长。

潜能测试主要是测试受试者是否具备将来学习语言的天赋,无论与水平测试还是与成绩测试相比,潜能测试设计的题目往往多一些,目的是通过考查受试者模仿、记忆等方面的能力,判断他学习语言的潜力。

4. 诊断测试

诊断测试的应用目的与成绩测试恰恰相反,因为成绩测试所关注的是学习成功的程度,而诊断测试关注的则是失败的程度,即学习者在哪些方面犯了错误并借此找出补救的办法。诊断测试有时也用来发现教学方面存在的问题。诊断测试可以用来考查单个语言项目(如时态),也可以是综合性的,其目的是为了改进教学,调整教学计划,进行个别指导。

成绩测试是回顾以前,水平测试主要是展望未来,同时也注意过去,而潜能测试只是预见将来。诊断测试检查以往以图补救今后。

1.3.3 按考试方式来分

按照考试的方式,语言测试可分为分离式测试(discrete-point test)和综合性测试(integrative test)。

1. 分离式测试

所谓分离式测试,是指考题把知识和能力分解为若干小的单位,逐个地进行测量。例如,我们可以把语言分解为语音、语法、词汇等,然后再设计相应的测试题目。分离式测试一般集中考查语言的某一方面,或考查学生单方面的技能。其考试形式主要为多项选择题。

分离式测试的理论基础是:语言是由许多成份组成的,掌握一种语言就是要掌握这些构成成分;测试一个人的语言水平也就是考查他对这些成份的了解和使用。但有的人反对分离式测试,理由是:各种单项知识的总和不一定等于对语言全面的掌握。

2. 综合性测试

综合性测试是指一次同时考查语言的多方面的知识和技能的测试。现在常用的听写、完形填空、翻译、作文等都属于综合性测试。看下面这个例子:

One day, the wife of a Chinese king sat watching a worm as it ate some mulberry leaves. Soon it stopped _____. Then as it slowly turned its head from side _____ side, a very fine thread came out of its _____. It wrapped the thread around and around itself until it was shut _____ a little cocoon.

这里说的是蚕的发现。所填的空格分别是动名词、名词和介词。然而,要正确地填入所需的词,必须懂得上下文的词义和句法关系,否则只是瞎填,不可能答对。这种题目表面上来看是让填单词,但也包含了词义、词类、句法及对上下文的理解,所以这种题目属于综合性测试题目。

虽然人们认为综合性测试可以较全面地考查学生的外语能力,但它也有自身的弱点,如进行写作、翻译、口试时,评分标准往往不好掌握,大规模测试中的评分工作需要大量的人力和时间。

1.3.4 按对考试分数的解释来分

不论举行什么考试,为了使考试的结果有意义,必须确定分数解释的参照标准。依据参照的标准不同,语言测试分为常模参照性测试(norm-referenced test)和标准参照性测试(criterion-refer-

12

enced test)。

1. 常模参照性测试

先解释一下什么是常模。常模是指一群类型相同的人在一类考试中的成绩,这个常模一般用该考试的平均分与标准差来表示。常模参照性测试是指参照某一个常模来对某考生的分数作出解释。假设某次 TOEFL 成绩的平均分为 512 分,标准差(以后要讲到这个概念)为 66,某考生在这次考试中得了 578 分,正好比平均分多出一个单位的值,即一个标准差的分数(512 + 66 = 578)。按照正态分布的原理,84.13% 的考生成绩低于得 578 分的考生。由此可以看出,常模参照性考试实际上是结合其他考生的得分情况来反映一个考生的分数,说明他在这个人群中的位置。这种方法特别有利于选拔学生。

2. 标准参照性测试

与常模参照性测试相反,标准参照性测试指在对考生的成绩作出评判时,参照一个事先规定好的尺度或叫标准,与这个尺度或标准相比,看看他是否达到了既定的要求。标准参照性测试所给的分数不是相对的,即不考虑其他考生的得分情况。如单词听写测试,如果听写 50 个单词,考生能写出 40 个就算通过,那么凡是能写对 40 个的考生都算通过。社会上有很多测试属于标准参照性测试。如驾驶员领取驾照、律师领取营业执照的考试都是标准参照性考试。

1.3.5 按试卷的评阅方式来分

Pilliner(1968)指出,按照试卷的评阅方式,语言测试可分为主观性测试(subjective test)和客观性测试(objective test)。

1. 主观性测试

主观性测试指试题的答案比较灵活,需要阅卷人对考生的作答情况作出主观判断的测试。语言测试中,简述题、翻译题、作文、口试等都属于主观性题目。有的人认为,主观性测试命题容易,考生靠猜测得分比较困难,题目一般要求考生自由地表达思想,所以容易测出考生实际使用语言的能力。但主观性测试也有明显的缺点。第一,主观题考查的语言现象有局限性。第二,评分较麻烦。比如考生的一篇作文,让不同的评阅人去打分,因每个人的观点、看法、印象不同,最后的打分情况可能相差很多,尽管有时有严格的评分标准。我们认为,在较大规模的语言测试中,考虑到人力、物力、财力等方面的因素,主观性测试题目的量要适当。而在较小规模的测试中,尤其是以班级为单位的小型测试中,主观性测试题目的量可以多一些。

2. 客观性测试

与主观性测试相反,客观性测试答案惟一,不受评阅人的影响。多项选择题属于典型的客观性测试题目。客观性测试的主要优点是,答案固定,评分简单,多数情况下可以使用机器来阅卷,因此能节省大量人力、物力和时间。另外,客观性测试覆盖面一般较大,针对性较强,特别适合分离式测试。

然而,多数客观性测试只要求受试者打钩、填图字母、画圈等,再加上不少的猜测因素,无法测量考生实际使用语言的能力,因此遭到越来越多的语言教师的反对。评分人认为各类考试中滥用客观性测试题目对教学和学习带来的很坏的影响。

1.3.6 语言测试的其他分类

近年来,由于语言教学法中的交际法(communicative approach)的发展,又产生了交际性测试(communicative testing)。这种测试的基本思想是,语言能力不仅包括词汇、语法等知识,而且包括交际能力,即用得体的语言完成交际任务。这种测试题目的特点是,在选择项中,正确答案是语法正确并符合社会规范的句子。语法正确而不得体的句子,或者得体而又有语法错误的句子,不给分。

例如：

You were applying to a university and needed a letter of recommendation. You went to a professor, who was also your friend, and said：

    A. "I'd appreciate it if you could write a letter of recommendation for me."（正确，得 2 分）

    B. "I want to ask you to write a letter of recommendation for me."（语法正确，不够得体，得 1 分）

    C. "I wonder if you could write a letter recommending me."（还算得体，但语言有误，得 1 分）

    D. "Hey, give me recommendation letter."（语言有误，又不得体，不给分）

由于研究语言如何使用的语用学（pragmatics）最近发展很快，又有人提出综合性测试还是不够理想，应采用语用测试（pragmatic test）。语用测试的项目有两点要求：第一，学生必须考虑上下文对语言成份的限制；第二，学生要把语言成份与外界环境联系起来。这两点实际是测验使用语言的自然性（naturalness）。从这个意义上讲，分离式测试不可能成为语用测试，因为正常的交际中，没有人专门注意一个介词，一个词尾变化，或把 The dog bit John 变成 John was bitten by the dog。所以，语用测试一定是综合性测试。

但是，综合性测试未必都是语用测试。综合性测试只能满足第一个条件，很少照顾到语言成份与环境的联系。下面是比较典型的语用测试题目：

Your neighbour has been making a lot of noise late at night recently and you want to complain about it to him. You want to make your complaint clear but still remain friends with him. How would you do it?

　　所谓"语用"，即语言在实际生活中的应用。它不同于课堂上的造句、填词、改错等应用。它要求在一定场合下对人家讲什么话，达意不算，还要有礼貌。邻居夜里吵闹，要你对邻居劝告，口气要得体，但道理要说清楚。你该怎么说？

　　有人认为听写(dictation)是语用测试，因为它比较全面地考查学生的语言知识和技能，而且也有一定的语言运用情景。还有的认为完形测试(cloze test)也是语用测试。不过，综合性测试和语用测试的区别，有时不那么明显。语用测试和交际性测试就更难区分。我们应该注意的是，目前语言测试的趋势是，不仅要考查学生的语言知识，而且还要考查学生运用语言完成任务的能力和得体性。1987 年高考的英语试卷中，第七题就有语用测试的味道。这是一段对话，你只看到甲方的话，乙方的话没有看到。现在要求你根据上下文设想乙方的答话。这里不是填词造句，而是要求你根据情景答话。

Don't Ride Too Fast

Dick：What's the matter, Bill? Why are you sitting on the ground?

Bill ：＿＿＿＿＿＿ and ＿＿＿＿＿＿.

Dick：I'm sorry to hear it. Is there anything I can do for you?

Bill ：＿＿＿＿＿＿ and ＿＿＿＿＿＿.

Dick：Is he in his office or at home?

Bill ：＿＿＿＿＿＿ and ＿＿＿＿＿＿.

Dick：5533246. I've got it down. Now I'll run to the nearest public phone. Wait for me here.

Bill ：＿＿＿＿＿＿ and ＿＿＿＿＿＿. It'll save some time.

Dick：That's a good idea. I'll be back soon.

16

Bill ：_____ and _____.
Dick ：Don't worry. I won't.

　　以上我们介绍了语言测试的各种类别,初步说明了要设计一套好的试题,使之达到预期的目的,并不那么简单,其中有好多讲究。不过,明确测试的目的或试题的用途,还仅仅是第一步。要保证所设计的题目确实能够达到我们的目的,还要在具体设计中下很多功夫。

第二章 语言测试的理论基础

我们常说，干工作要"理论联系实际，实践要有理论来指导。"对于语言测试来讲，这句话同样适用。开发一项新的测试，设计一份试卷，决不能随心所欲，必须有坚强的理论后盾。有的教师可能对此不以为然，认为搞测试不就是出几道题吗，有什么理论可谈的呢？看看他人的试卷是什么样的，模仿着拼一套就行了。这种观点是错误的，至少说是片面的。虽然语言测试是一门实践性很强的学科，但这并不等于说语言测试没有理论可循。其实，有些教师有意无意中遵循着某种理论。

我们这里所说的理论，不是什么大而泛的抽象概念。实际上是一个语言观的问题，即如何看待语言的本质（相对语言教学和语言测试而言）以及如何理解语言能力的问题，因为它们决定了语言教学教什么，语言测试测什么。只要回顾一下语言测试的发展史，我们发现在不同时期，由于人们对于语言本质或者说语言能力的认识的不同，语言测试逐渐形成了三种不同的模式或体系。按其出现的先后，可以简称为第一代、第二代、第三代体系。人们把第一代体系称为科学前语言测试（pre-scientific testing），把第二代称为心理测量学—结构主义语言学测试（psychometric-structuralist testing），把第三代体系称为交际语言测试（communicative language testing），又称心理语言学—社会语言学测试（psycholinguistic-sociolinguistic testing）。以下我们将对这几种语言测试模式作一比较，并重点介绍第三代语言测试理论模式。

2.1 科学前语言测试

我们知道,语言测试(这里主要指外语测试)是随着外语教学的发展而出现的。有了外语教学,也便有了外语测试。至于外语测试是什么时候出现的,我们不去追究。人们把 20 世纪 40 年代以前的测试统称为科学前语言测试。

在这个时期,语言学虽然有了一定的发展,但尚未形成指导语言教学的系统理论,外语教学基本上是一种凭经验、遵循传统的教学。对于外语测试而言,更谈不上有什么科学理论依据。在这个时期,语言教师对于什么是语言这个最基本的问题,没有一个科学的认识,只是想当然地把语言当作一门知识去教。这门知识主要包括语法知识、词汇知识和语音知识。一个人外语掌握得如何,就看他是否掌握了这门外语这三个方面的知识。语言测试,也就是测试这三方面的知识。把语言看成是一套知识,是这一代外语教学和测试体系的语言观的内涵。长期以来,这种语言观没有受到挑战,因此大家也就长期把语言当作知识来教授,当作知识来测试。

为了把语言知识的三大方面具体化,教师上课就是从课文里找出这些语言点,并把这些语言点教给学生。到考试时,就考平时教的这些语言点。由此可以看出,这个时期的语言教学和测试,完全以教师或命题人员的经验和主观判断来确定,没有什么科学的依据。

2.2 心理计量—结构主义语言测试

到了 20 世纪 40 年代,人们发现,关于语言的规则的知识并不等于语言本身,学了前者并不等于学到后者。在这个时期,以美国Bloomfiel,Fires,Lado等为代表的结构主义语言学家,第一次对语言的形式系统作了客观的、科学的分析。提出了"语言是一套形式结构,一套符号系统"的论断。与此同时,受心理学的行为主义(psychological behaviorism)的影响,他们认为学语言就是要获得操作这套符号系统的技能,用行为主义心理学的术语说就是训练对刺激作出的正确反应的一套语言习惯。在结构主义语言学和行为主义心理学的影响下,产生了结构主义教学路子。在测试方法上,则吸取了心理学领域的心理测量学(psychometrics)的科学方法,因此形成了心理测量学—结构主义语言学测试。从此,外语教学和测试有了系统的科学理论基础,形成了外语教学与测试的第二代体系——结构主义体系。这个体系的语言观的内涵是:语言是一套形式系统。所学的和所考的就是操作这套形式的技能(skills)。

根据心理测量学—结构主义语言学理论,语言可以分解为语言技能(即听、说、读、写技能)和语言成分(即语音、语法、词汇)。人们运用这些语言技能和语言成份的能力即为准则语言能力。由于语言项目的数目巨大,一次语言测试所能包括的测试项目有限,不可能把所有的项目都测到,因此就要进行抽样。考生对测试中语言项目的反应能力就构成了考生的语言能力。为了检测考生的语言能力,该派提出了分立式测试(discrete-point test),认为试题应当每道题只考一个考点。分立式测试的主要题型有选择填空,此外还有语法填空、完成句子、改错、词汇填空等等。与第一代体系相比,第二代体系强调口头语言。在教学中,把听说摆在读写之前;在测试中,注意给听说技能(尤其是听)一定的比重。

由于强调语言测试的考点不超出语言自身,强调语言的四会技能要分离处理,强调不同语言现象的分离处理,因此往往忽略语言情景,更谈不上真实的情景。

第二代体系注重当代使用的日常口语,就此而论,其教学和考试用的目标语比第一代体系要真实。不过也仅此而已,并没有结合恰当的情景使语言具有更进一步的真实性。而且,由于该体系以语言为纲,每一句话的出现,不是按交际需要而自然地出现,而是为了带出要出现的结构,结果话语变得比较干瘪,而且有人工编造的痕迹。

2.3 交际语言测试

随着语言研究的深入,人们对语言的认识也逐步深化。首先,Chomsky 提出了语言能力(linguistic competence)和语言行为(linguistic performance)的概念。相对技能的概念来说这是一个质的飞跃。但 Chomsky 所说的能力,只是抽象的语言能力。不少语言学家指出,人们进行交往,只有抽象的语言能力是不够的。在具体的交际活动中,还涉及许多超出语言能力的能力。如以 Hymes (1972)为代表的社会语言学家指出,语言的运用涉及一系列的社会文化因素,认为语言和文化是紧密相连的。无论是讲话,还是写文章,除了语法正确之外,还要考虑到听者和读者的文化背景,考虑到别人能否理解,能否接受。与此同时,另一位语言学家 Halliday 也提出了语言的功能作用,即同一句话,在不同的场合下,会有各种不同的意思,同时会产生不同的效果。至此,人们对语言能力的认识扩大了。这主要表现在人们不仅认识到使用语言时考虑语境的重要性,同时还认识到语言的使用是一个动态的交际过程,"因为真正的语言使用能力是在生活中体现出来的"(Clard,1975)。由此便产生了交际能力这一概念。

由此可以看出,交际能力不仅包括语言能力,还包括超过语言能力的能力。那么,超过语言能力的能力是些什么能力呢?交际能力,作为一个整体,是由什么因素构成的呢?这个问题决定着我们的教学和测试内容。70 年代以来,对交际能力的构成的研究存在两种相反的观点。第一种观点认为人使用语言,靠的是一种单一的能力,不可划分为多个因素。这就是所谓单一能力假说 (UCH, unitary competence hypothesis 或 UTH, unitary trait hypothesis)。既然认为运用语言需要的是一种单一的能力,测试这种能力用第二代提出的离散项目显然就不行了,必需用一种综合性试题。其代表性试题形式是完形填空(cloze)。此外还有整段短文听写,短文改错等。但是,单一能力假说很快就被否定了。人们更倾向于认为交际能力是由多种因素构成的,并且这种观点成了主流。持这种观点的学者提出了好几种交际能力的组成模式,其中影响较大的有 Canale 和 Swain(1980)模式和 Bachman(1990)模式。前者认为交际能力由四个部分组成:(1)语法能力——包括语音、词汇、语法等语言知识,这些是理解和表达语言的字面意思所必需的知识;(2)社会语言能力——包括在不同的社会环境中,理解和表达形式与意思都恰如其分的语言能力;(3)语篇能力——包括把语言形式和内容结合的能力;(4)交际策略能力——包括在交际时如何开始、如何继续、如何调整和转换话题,以及如何结束谈话等能力。这一模式在 80 年代很流行,但也有缺陷:第一,它没有明确指出这四种能力之间的关系;第二,它没有得到以后语言测试实践的验证。进入 90 年代,Bachman (1990,1991)提出了一个新的语言交际能力(communicative language ability, CLA)的模式。他认为,语言交际能力就是把语言知识和语言使用的场景特征结合起来,创造并解释意义的能力(capacity),它由语言能力(language competence)、策略能力(strategic competence)和心理生理机制(psychophysiological mechanisms)三部分组成。不难看出,Bachman 的语言交际能力模式充分吸取了近年来语言学及应用语言学研究领域的最新成果,对交际能力的构成因素的描述更客观、更全面。它不仅指出交际能力应当包括语言能力、语篇能力和语用能力等范畴,而且还指出它们之间不是一个简单的并列关系,而是一种互动(interactive)的关系。也就是说,语言的使用是一个动态的过程(dynamic process),各种知识、技能和心理过程交织在一起,相互影响、相互作用。那么,这种模式对语言测试意味着什么呢? 我们知道,语言测试的目的是测量学生的语言运用能力,既然在语言运用时,交际能力的各种因素结合为一个整体而起作用,在语言测试中,自然也应该把交际能力的各种因素结合为一个整体加以测试。怎样做到这一点,下面我们结合 Bachma 的语言测试理论模式向大家作一详细介绍。

2.4 Bachman 的语言测试模式

Bachman 的这种交际语言测试模式(an interactional approach to language testing)提出后,在语言测试领域产生了深刻的影响。Skehan(1991)称其为语言测试史上的一个里程碑。他的这一模式有两个显著的特点,一是对于语言能力(这里指语言交际能力)的认识更为全面、深刻,二是指出了测试工具与目标语言情境的关系。此外,他还提出了语言测试的"真实性程度"(degree of authenticity)问题,把它作为开发、评价一项测试时的标准。下面我们对其主要的观点分别予以介绍。

Bachman(1990)认为,语言交际能力由语言能力、策略能力和心理生理机制三个部分组成。在这三个组成部分中,语言能力由一系列具体的语言知识组成;策略能力指在具体的语言交际时,运用各种语言知识的心理能力(mental capacity),它是语言能力通向现实世界的桥梁,是将语言知识运用于交际目的的手段;心理生理机制则指把语言交际看作一种物理现象(如声音、光等),运用语言交际时所牵涉到的神经和心理过程。语言交际能力与语言使用的场景及语言使用者知识结构之间的关系可用下图面表示:

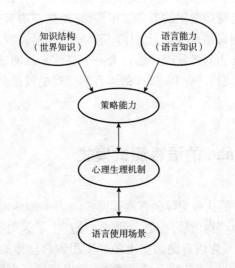

图 2.1 Bachman 的语言交际能力的各个组成部分

2.4.1 语言能力

Bachman 认为语言能力由语言组织能力(organizational compe-
tence)和语用能力(pragmatic competence)组成。语言组织能力指
在生成或辨认语法正确的句子、理解其主题内容并将其排列成篇
章时,控制语言结构的能力。语用能力指话语或句子、意图和语境
是怎样联系起来并构成意义的能力。语篇组织能力包括语法能力
(grammatical competence)和语篇能力(textual competence),语用能
力包括语义能力(semantic competence)、功能能力(function compe-
tence)和社会语言学能力(sociolinguistic competence)。语法能力决
定词是怎样组成话语或句子的;语篇能力决定话语或句子是怎样
连接起来形成语篇的。语义能力决定话语或句子是怎样表达命题
内容的;功能能力决定句子是怎样使用语言来表达使用者意图的;
而社会语言学能力则决定话语或句子是怎样与语言使用的场景特

24

征相联系的。其中,上面的每一个类别的能力又分出许多细的类别,这里就不一一介绍了。语言能力所涉及到的各个方面及其之间的关系可简单地用图2.2来表示。

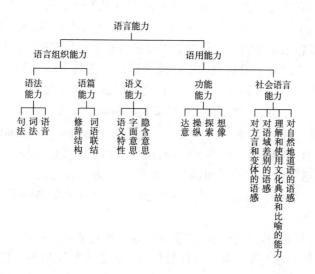

语言能力
语言组织能力　　　语用能力
语法能力　语篇能力　　语义能力　功能能力　社会语言能力
句法　词法　语音　　修辞结构　词语联结　　语义特性　字面意思　隐含意思　　达意　操纵　探索　想像　　对方言和变体的语感　对语域差别的语感　理解和使用文化典故和比喻的能力　对自然地道语的语感

　　综上所述,语言能力包括语言组织能力和语言使用能力。语言组织能力包含生成或辨认语法正确的话语能力、理解话语中主题内容的能力和把话语组织成口语的或书面的语篇的能力。语用能力包含在具体的语境中语言的表达能力和解释在语段中符合社会习惯的语用行为(illocutionary acts)。它们包括语义能力、功能能力和社会语言能力。

2.4.2 策略能力

语言的交际能力的第二个组成部分是策略能力(见图 2.1)。Bachman 认为 Canale 和 Swain 提出的策略能力既不够全面(因为后者仅仅将策略能力看作是由于语言能力有限而使交际中断时使用的弥补手段),也没有说明策略能力运作的机制。Bachman 的策略能力实际上是人们使用语言进行交际时的心理认知过程,由四组元认知策略组成。它们是:评估策略(assessment strategies)、确定目标策略(goal-setting strategies)、制订计划策略(planning strategies)和执行计划策略(execution strategies)。他认为,在任何场景下使用语言,这些元认知策略和语言知识的各个方面都是结合在一起互相作用、相互影响的,并且是不可分割的。下面我们看一下各个策略的功能。

评估策略。评估策略主要完成这三种功能:第一,评估场景的特征,即找出与某一特定交际目标有关的语言使用的场景特征,以便确定实现这一交际目的是否可行,如果可行,在某一特定场景下达到这一目标需要哪些知识;第二,评估自己是否具备完成上述交际目标所需的知识;第三,评估交际目标实现的程度。

Bachman 指出,在完成上述功能时,评估策略要使用上面谈到的各种知识和图式。就评估策略的第三种功能而言,如果发现交际目标没有达到,就要从以下一个方面找出原因:第一,语法错误太多;第二,没有正确理解说话者的意图;说出的话与语境不相符;第四,知识图式使用不当或匮乏;第五,由于测试任务太难或其他方面的干扰,感到力不从心,不去积极地完成任务。前三条原因属于语言知识范畴,后两条则分别属于知识图式范畴和情感图式范畴。

确定目标策略。确定目标策略主要是决定你要做什么,对考生来讲,需要完成以下任务:

26

1. 确定一系列可能的交际目标；
2. 从这些可能的目标中选择一个或多个目标；
3. 决定是否想达到上述目标。

对命题人员来讲，则意味着：

1. 选择语言能力的一个或几个方面；
2. 确定所要测量的语言能力的水平；
3. 选择合适的任务。

我们知道，就了解某人的语言能力而言，语言测试优于其它方法（如自然观察法）的主要原因在于它可以获得考生语言表现的特定样本。然而，在测试环境下使用语言毕竟不同于在其它场合下使用语言，考生在完成测试任务时所表现出的灵活性受到一定限制。Bachman 认为，通过提高语言测试的交际真实性（interactional authenticity），可以提高考生确定目标策略的参与程度（involvement）。

制订计划策略。它的主要功能是：

1. 选择有关的语言知识、知识图式和情感图式来完成特定的交际目标；
2. 制订计划以完成在说出或理解某一话语时所需的知识或图式。

执行计划策略。其功能是：通过适当的心理生理（psycophysiological）机制上把上述计划付诸实施。如在接受性（receptive）语言使用过程中，要使用听觉和视觉技能等。

语言是用来交际的，使用语言，将自己的话讲给别人听或理解别人的话，不仅涉及到命题内容、功能目的、还涉及到情景的得体性，因此，"这就需要所有语言策略和语言知识的各个方面同时互相作用，即上述三种策略都要与语言知识的各个方面相互作用"（Bachman，1991）。此外，Bachman 进一步指出，这几种策略之间也相互作用。他举例说，如果我们想邀请某人吃饭，碰巧在一次晚会上见到了想要邀请的人，我们可能想跟他讲出来，但发现当着别人的面邀请某人而不邀请他人而感到不合适时,我们就有可能修正自己的交际目的,再寻找其他机会发出邀请,以免伤了他人的面子。这个例子说明在评价策略基础上,我们有可能修正或放弃某一行定的目标。

上述语言能力模式给我们这样的启示:人和人之间的语言能力有一定差别是由这两个因素引起的。首先,不同的人在不同的时期所掌握语言知识的多寡及程度不一样;其次,不同的人在不同的时期对元认识策略掌握的程度也不一样。即使同一个人在完成某一特定的测试任务时,可能对某些策略使用得更有效些,而对其他策略可能使用得就不够充分。

2.4.3 心理生理机制

心理生理机制本质上指在语言使用的实施阶段所牵涉的神经的和生理的过程。我们知道,听和看是不同的,接收和输出也是不同的。在接收性的语言使用中,我们使用听和看的技能;而在输出性的语言使用中,我们使用神经肌肉技能(如发音器官和手指)。例如,在考接收性语言时,考生需要使用眼睛和耳朵(生理的),而在处理所听和所看的语言时,则需要使用大脑(神经的或心理的)。同样,在考输出性语言技能时,考生在考虑说什么和写什么时,需要用大脑,而在说和写的时候,则牵涉到发音器官和手指。

综上所述,Bachman 的语言能力、策略能力、生理心理机制和语言使用场景之间的相互作用,可由图 2.3 说明。

图 2.3 Bachman 的语言使用模式

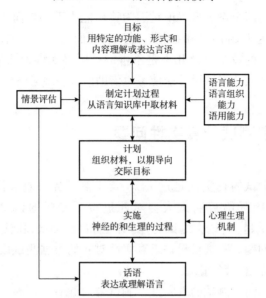

我们应该看到,或者可以感觉到,策略能力对人的语言行为是有影响的。一个策略能力强的人能够充分利用自己的语言能力的各个方面来实施不同的功能。相反,一个策略能力弱的人,即使具有同样的语言能力,也不一定能充分利用。例如,在一场口试结束之后,我们往往会听到这样的对话:

1. 甲:你知道可以这么说(或这么做)吗?
   乙:知道。
   甲:那你为什么不这么说(或这么做)呢?
   乙:嗨,当时没想到。
2. 甲:你听不明白,为什么不要求对方写给你看呢?
   乙:我愣住了。

上面的两个例子可以说是因为策略能力不够强而影响语言发挥和没有达到交际目的的例子。但是，我们也不得不指出，作为心理认识过程的策略能力几乎是不可能被明确无误地测量出来的，尽管好的全面的考试设计能使考生借助语言表现策略能力。

2.5 语言测试的真实性问题

语言测试的真实性是过去20年来测试界一直关注的问题。1984年的国际语言测试大会对此进行了专门的讨论。Spolsky（1985）总结道："（语言测试的）真实性标准给测试领域提出了语用和伦理的问题。测试材料缺乏真实性对我们根据测试成绩所作出的推论也提出了疑问。"

什么是语言测试的真实性？测试界对此看法不一。一些人将此定义为"直接性"（directness），即不通过语言能力的中介表现就能测量考生的语言能力。实际上，语言能力是不能直接考察出来的，因为大脑神经的活动过程无法用试卷来测量。从这个意义上来说，所有的语言测试都是间接测试。另一些人将真实性定义为与现实生活的相似程度。由于现实生活中语言的使用权用变化很大，我们不知道哪种语言任务可以作为真实性的标准。还有人把真实性和测试的表面效度等同起来。这一定义也有问题，因为测试的表面效度完全是由评估者主观决定的。再有，在测试专家看来很真实的试题，在老师、学生或学生家长看来未必真实。针对上述不足，Bachman（1991）提出应该从以下两个方面来定义测试的真实性：

情景真实性（situational authenticity）。所谓情景真实性，就是指测试方法特征与将来某一特定目的语使用的情景特征相关的程度。也就是说，我们在命制考题时，考试任务的特征必须与将来目

30

的语的使用的情景特征相一致,做到了这一点,考试任务才具有了情景真实性。举例来说,参加商务英语证书(BEC)考试的考生在其工作中应当具有与客户用英语就商务活动面对面交谈的能力,该项考试的口试中就安排了考生之间面对面交谈这一活动,因此该口试具有很强的情景真实性。

交际真实性。它指的是考生在完成某一测试任务时,其语言能力的哪些方面参与(involve)了完成该测试任务的活动,参与的程度如何。与情景真实性不同,交际真实性强调的是考生与测试任务之间的交际关系(interaction)。

Bachman 认为,情景真实性和交际真实性只是两个相对的概念,我们只能说某测试的真实性"高"或"低",不能简单地说它"真实"或"不真实"。此外,考试的真实性通过直接观察是看不出来的,我们必须考虑考生的有关特征以及具体的语言使用场景。再以 BEC 考试为例,该考试对那些正在或将要从事商务活动的考生来说,其交际真实性很高,但对在校的师范英语专业学生来讲,其交际真实性就不高。

语言测试的真实性这一标准对于我们开发、评价某项考试是极为有用的。它可以帮助我们在设计考题时打开思路,在评估考题时具有新的角度,提高测试的真实性和可信度。一般来讲,提高测试的情景真实性要容易些,而提高测试的交际性则要复杂些、难些。因为提高测试的交际真实性意味着提高考生在完成某一测试任务时其语言能力六要素(即上文所述的两种语言知识和四种元认识策略)的参与程度。但他还是提出了用以提高语言测试交际真实性的四项措施:

第一,提出要求。在设计考题时可以具体说明考生只有使用何种策略才能完成该任务。

第二,提供机会。即给考生提供充足的时间、必要的信息和工具等。

第三,考试任务要得当。任务太难,会影响考生策略的应用。

第四,考试任务要有趣味性。通过提高考试任务的情景真实性可以提高考试任务的趣味性。

2.6 关于语言测试的方法问题

社会语言学的研究告诉我们,语言的使用是受语境制约的。语言使用者之间的关系,讨论的话题、目的等对我们使用语言的方式都有影响。因此我们不难理解为什么测试方法会影响一个人的测试行为。实际上,过去十年来测试界的主要发现是:考生的测试行为不仅受其语言能力的影响,同时也受到测试方法的影响。举例来说,口试主要有两种形式。一种是考生和考官面对面交谈,别一种是考生坐在语言实验室里一边听录音,一边回答问题。有的考生习惯于前者,对坐在机器前戴上耳机感到不自然,而有的考生羞于和别人面谈,可能更习惯于后者。又如,完形填空有四种形式,由于在难度、信度、效度等几个方面均有不同(Bachman,1985),因而考生的测试行为也不同。语言测试方法的差异表现在不同的层面(facets)上,不同的学者对此提出的模式也不一样。Bachman 在总结他的理论的基础上提出了他自己的模式,该模式共分五个层面。

测试环境。包括:(1)考生对考试场地、使用的设备等是否熟悉。如果考生对考试的场地熟悉,就会有一种安全感。如果考生熟悉使用的设备(如录音机),答题效果可能比使用不熟悉的设备(如计算机)要好一些。(2)考试涉及到的人员。如果监考人员是考生熟悉的老师等,考生一般不会感到紧张。(3)考试时间。一般情况下,考生在早上比在午后或傍晚答题发挥得要好一些。(4)实施考试的条件。如考场周围有无噪音,气温、湿度的高低、座位的安排、光线的强弱等对考试都有影响。

测试说明。包括:(1)试卷的组织结构。多数考试由几个部分组成,每一部分又包括许多项目和问题。题目的安排一般是由易到难。(2)时间的分配。在有些考试(如"速度测试")中,时间安排得很紧,并非所有的考生都能完成所有的题目。这样,考试的分数一部分是由考生的水平决定的。一部分则是由考生答题速度决定的。(3)题目要求。它是以母语还是目标语言的形式出现,用口头还是书面语的方式,或二者兼有?研究发现,题目要求不清楚或不准确都会使考生产生焦虑感,从而影响考生的水平发挥。

考试材料的输入方式。包括:(1)语言材料是通过听觉还是通过视觉渠道输入的。还是两种方式都有。(2)输入的是语言材料还是非语言材料(如看图作文)。(3)材料是否经过改写。(4)输入材料的速度(如听力速度的快慢)。(5)问题表达得明确与否。(6)使用权用语言的性质,即语言的长度、信息的分布(紧缩的还是分散的)、信息的类型(抽象的还是个体的,事实性的还是非事实性的,肯定的还是否定的)、话题、题材及其结构特征(语法,词语的连接,修辞结构)、言外之意特征和社会语言学特征。所有这些对考生的测试行为均有影响。

答题方式。包括:(1)采取什么样的形式(选择还是填充)。(2)回答的方式(语言还是非语言,还是两者兼有)。(3)使用语言的性质。

考试材料的输入及答题之间的关系。有三种关系:(1)相互型(reciprocal)。指一个考生的语言对另一个考生的影响。如口试中两个考生为一组进行测试时,口语好的考生对口语差的考生有一定影响。(2)非相互型(non-reciprocal)。指语言使用者之间无相互影响。如在阅读考试中,考生对作者通常没有任何信息反馈。(3)顺应型(adaptive)。指答题影响到试题的输入,但无反馈。在电脑顺应性测试中,电脑提供给考生的题目其难易程度是由考生完成前一个题目的好坏情况决定的。

以上所介绍的关于测试的方法的各种特性,即考试环境、考试说明、试卷和答卷的语言特征以及提问与应答之间的相互关系等,是考试设计和试卷命题时,保证科学性的重要手段,也是试卷完成之后,平均试卷效度的重要标准。

在本章中,我们重点介绍了 Bachman 的语言测试理论模式。不难看出,该模式所涉及的范围无疑超出了过去所有的模式。它充分吸收了现代语言学和应用语言学的研究成果,因此具有坚实的理论基础。值得提出的是,该模式一方面使我们对语言能力这个概念有了更为清楚的认识,同时也使我们看到测试方法本身对测试结果有一定的影响。也就是说,某一测试结果并非考生潜在(underlying)能力的真实体现,其中有方法因素的影响。作为教师或语言测试工作者,我们应当对此有一个清楚的、系统的了解,尽量避免它们对测试结果带来的影响。

第三章 语言测试的总体设计

第二章讨论了语言测试的理论基础,接下来该讨论如何在这个理论的指导下来设计我们的测试。一种测试的总体设计是一件很复杂的工作,要牵涉到很多方面。决不是某个人能够抽着烟,喝着茶,弄几个小时就搞出来的。必须有一个专门的小组,这里面既要有懂考务的行政人员,又要有懂统计分析的专业人员和懂外语测试理论的专业人员,只有这几个方面配合好才能保证测试的顺利进行。既使是小规模的外语测试,也需要教师本身懂得整个测试的设计流程及要求。这就像建筑中的蓝图设计,只有蓝图设计好了,才能保证有好的建筑。所以,在设计考试时,也必须有一个蓝图,然后再按照这个蓝图去命题,只有这样才能保证测试的质量。在本章中我们主要介绍如何设计教学中常用的各种测试。

3.1 确定考试类别

考试因目的和用途不同会有各种不同的类别。设计题目前,首先要明确考试的类别。考试目的不同,试卷的内容、要求也不一样。在第一章我们讲到,按照学习的不同阶段,语言测试分编班测试、随堂测试、期中测试和期末测试。按照测试的用途来分类,语言测试可以分为水平测试、成绩测试、潜能(或素质)测试和诊断测试等等。

就平时教学工作而言,经常用到的考试有这么多种。作为语言教师,必须了解这些测试的目是什么,它们之间有什么区别。我们知道,成绩测试是用来检查学生对所学知识或技能的掌握情况。上面提到的随堂测试、期中测试和期末测试等都属于成绩测试,设计这类测试时,试卷的内容就要反映过去学习过的内容,也就是说,学生学了什么,考试就要考什么。

水平测试则不是这样,它主要看考生是否达到某一水平,这种测试与过去的教学内容没有直接联系。它不考虑考生从前学过没有,也不考虑是如何学的。这种考试认为考生应该掌握什么,考试就考什么。它一般检查考生多方面的外语水平。我们举上面这个例子是想说明设计测试不是完全凭命题人员的主观想像和经验,要"照章办事"。

3.2 确定考试内容

考试类别定下来了,下面就该考虑考试的内容了。成绩考试的内容是由教学大纲规定的。一般来讲,教学大纲不仅规定了教学的内容,同时也规定了教学目标,即学生除了要掌握规定的教学内容之外,应该达到的行为目标和能力层次。美国教育学家B. Bloom在其《教育目标分类》中(他把教育目标称为行为目标)把教育目标按照从低到高的次序分为六个层次,这六个层次是:知识、理解、应用、分析、综合、评价。它们的含义是:

1. 知识。指辨别或记忆具体的事实、一般的概念、原则、术语、事物的分类、过程和倾向等。知识层次是最低的一个层次,考试最低的要求就是看考生对学习过的知识掌握的情况如何。

2. 理解。要求考生用自己的语言来复述、解释、归纳所学的知识。这是一种低层次的理解,没有上升到判断和推理,只是在认识基础上的记忆。

3. 应用。要求考生在不同环境下应用某些抽象的原理和方法。语言测试中这样的题目有很多,比如考生已经学习了某个语法知识,能不能按照要求写出合乎语法的句子,这就是一种应用。

4. 分析。要求考生把某一事实或概念分解为若干个组成部分,然后指出它们之间的内在联系。语言测试应强调应用而不是分析。

5. 综合。要求考生将各个部分组合成为一个整体。如外语测试中的写作测试就属于综合性测试。

6. 评估。要求考生对某篇作品、某种方法、某种结论作出评估。

B. Bloom 的教育目标的分类有着普遍的指导意义。这些目标不仅要落实在我们的教学工作中,也是命题人员在设计考试内容时的重要依据。但是,每门学科有其自身的特点。就外语测试而言,设计题目时,理解、应用及综合等能力的题目应多一些,知识、分析和评估的题目应少一些。因为语言能力的高低,说到底是一个运用的问题。

3.3 确定考试题型

从评分的角度来看,语言测试的题型分主观试题和客观试题两大类。主观试题常见的有作文、口试、简述题、翻译题等。主观试题的特点是命题容易评分难,效度高,易于测量考生实际使用语言的能力。与主观性测试相反,客观试题评分容易命题难,信度高。客观试题中最常见的题型是多项选择题,此外还有正误判断、配对题等。客观试题一般要求考生打勾、画圈,无法测量考生实际使用语言的能力,多用来考查知识。

一项考试中到底应该采用何种题型,要看考试的类型、目标和要求。题型选不好,可能会影响到学生语言能力的测量。作为题目设计人员,不仅要认识到这一点,而且要将其影响尽量减小到最低程度。如测量学生的写作能力,用多项选择题就不行。下面介绍的是测试中常用的一些题型,了解它们的优缺点,对于我们选择正确的题型是非常重要的。

3.3.1 多项选择题(multiple-choice items)

多项选择题(第四章有详细介绍)是外语测试中常用的一种题型。多项选择题是由一个题干和4~5个选项组成,其中一个为正确答案或最佳答案,其余的称为干扰项。多项选择题的优点是:(1)可以测试各个层面的语言知识和技能;(2)具有很好的诊断作用。多项选择题可以将测量的内容分解为若干个项目进行测量,老师可以通过分析考生在各个项目中出现的错误,及时发现问题,予以纠正;(3)答案固定,评分客观,不受评分人的主观影响,可以用机器来阅卷,省时省力;(4)试题覆盖面广,适用于大规模测试,测试信度高。多项选择题的缺点是:(1)题目很难设计,费时费力;(2)不能测量考生的表达能力和推理、论证能力;(3)对教学和学习的反拨作用不好。

3.3.2 是非题(true-false items)

是非题实际上是二项选择题。问题以陈述句的形式出现,要求考生指出其正误。是非题的优点是:(1)命题容易,命题人员可以在短时间内编制大量的是非题;(2)作答迅速,节省时间。考生在短时间内可以完成许多测试题目;(3)适合于随堂测试使用,老师可以随时利用学生易犯的错误编写是非题;(4)评分客观。是非题的主要缺点是猜测机率大。由于考生只在"是"和"非"之间进行选择,因此猜中的机率高达50%。因此,在重要的考试中人们一般不使用这种题型。为了降低猜测率,除了"是"和"非"这两个选项外,一般再加一个选项"没有提到"(NOT GIVEN 或者 DOES NOT SAY)。

3.3.3 配对题(matching items)

配对题可以看作是一种改良的多项选择题。它与多项选择题的区别是:前者是若干题目共同使用几个选项,而后者是一道题有几个选项。配对题一般分两组,一组是问题,另一组是与之相配的选项。要求考生从选项中给每道题选配上一个最合适的答案。如把下列两组词进行配对,使之构成另外一个英语单词,如果"car"和"pet"相配,构成"carpet":

配对题的优点是:(1)能在小篇幅内测量大量内容,经济实惠;(2)题目编制容易,很适用于随堂测试;(3)能够有效地测量知识上的相关性,有利于培养学生观察、辨别、比较分析等方面的能力。其缺点是:(1)不适于测量较高层次的教学目标;(2)由于配对题结构特殊,考生每答一题都要把所有选项进行比较,因此浪费时间。

3.3.4 填充题(gap-filling items)

填充题要求考生在句子的空白处把答案填写出来。答案可以是一个词,一个词组,一句话,一个数字或一个符号。填充题设计得好,对于测量学生的语法、词汇运用能力很有效。与多项选择题相比,填充题所测量的多是语言的运用能力,而不是辨认能力,因此比多项选择题更受欢迎,测试效度也高。

综合型填充题又称作完形填空(cloze)。这种题型是把一篇短文中的一些词按照一定的规律删除掉,要求考生根据上下文把删掉的词再填出来,使其成为一篇连贯的、意思完整的文章。

无论是单句型填充题还是综合型填充题,这类题目设计起来都比较容易,并且不受猜测因素的影响,可以促使学生全面复习所学内容。另外,试题的形式也可以有各种变化,考生不会感到枯燥无味。这种题型的缺点是评分不客观,有时一道题会出现多个答案,是题目设计者意想不到的,尤其是当要填的词不止一个单词时,评卷很难做到客观。

3.3.5 听写(dictation)

听写是随堂测试中常用的一种测试方式。设计起来非常容易,任选一篇难度合适的短文,拿过来就可以给学生听写。虽然听写设计起来容易,但评分费时费力,且不容易做到客观。即使评分标准设计得很详细,落实起来也不容易。比如说,听写测试时,拼错一个字母扣 1 分,拼错两个扣 2 分,但有时阅卷人无法确定到底是考生拼错了某个单词,还是根本就没听懂这个单词,而把单词写错了。人们认为听写能够测试学生的语言运用能力。用听写来考学生的语言能力,碰到的另外一个问题是如何保证考官的阅读速度、语音语调在不同考场完全一致。如果是采用放录音的方式还可以,如果做不到,采用考官阅读文章,就很难做到公平了。

3.3.6 短文写作(composition and essays)

短文写作属于典型的主观性题型。这种题型的优点是:(1)可以直接测量考生的写作能力;(2)对学生的学习态度和方式也有积极的影响,有利于培养学生实际使用语言进行交际的能力;(3)试题设计起来比较容易。缺点是:(1)信度低。一方面是题量小,有很大的偶然性;另一方面是有时题目指令不清楚,考生写起文章来不知如何下手。如这道题目：

"Travel broadens mind."（*J. Smith*）*Discuss.*

这样的题目在写作测试中是常见的,但存在这么几个问题。第一,考生对"discuss"这个词的真正含义并不一定清楚。到底什么样的写作叫"discuss",不同的考生可能有不同的理解。第二,题目的要求太简单,信息量不够。第三,文章到底要写多长,写短了扣不扣分,这里也没有个交待。所以,这样的题目就不够好。(2)阅卷做不到客观,对同一篇作文,不同的老师会给出不同的分数,这样会大大降低测试的信度。(3)阅卷工作费时费力。

3.3.7 面试(interview)

面试是测量考生口头表达能力常用的一种测试方式。这种测试方式也属于主观性测试方式。有的人认为,一个人的外语能力怎么样,把他叫来面试一下,便可"水落石出"。然而,实际情况并非如此简单。考生与考官之间的简单对话,一般只能反映考生的口头表达能力,如果考生过于紧张,有时会出现口误,使得口语测试的可靠性很差。面试时,如果测试的内容不一致,还会造成考生成绩之间的差异。另外,面试实施起来费时费力,尤其是在大规模测试中,如果要对每个考生都进行面试,会浪费很多的人力和时间。

3.4 确定试卷结构

考试的类型、内容和题型定下来了,下一步就是安排试卷的总体结构,也就是说,要知道不同类型的题目在整体中占多大的分量。在讨论这个问题之前,我们先看一下关于语言技能的分项和合项的问题。

语言测试界多年来存在着这么两种观点。以 Oller(1974,1978,1979)等人为代表的整体语言能力观认为,"语言能力可以归结为由这样一个期待语法生成系统组成,而这一系统又是一个不可分割的整体。……语言水平的构想也许更像粘性物质而不像一部现成的可以被拆成部件的机器。"按照这种观点,词汇知识和语法知识之间的区别并非泾渭分明,听、说、读、写四种技能之间也不存在明显的差异。他认为,"把英语作为第二语言的教学中,把听、说、读、写活动分离开来,不仅是无意义的,而且是有害的。"同样,在测试实践中,按照整体语言能力假说,只需要设计出一种能衡量考生整体水平的试卷就够了,Oller 认为这种最佳测试方式是完形填空和听写。

然而,不少学者认为语言能力是可分的。Palmer 和 Bachman(1981)的研究表明,"两种语言使用技能——口语和阅读,既在方向(输入和输出)又在途径(听与读)方面不同,在心理上也有明显区别,可以被单独地衡量"。Hughes 和 Woods(1981)的研究也证明语言能力整体说是站不住脚的。既然语言能力可分,那么语音知识、词汇知识、语法知识可以分开来教,听、说、读、写等语言技能也可分开来进行操练。同样,语言知识和语言技能也可分开来进行测试,然后再综合评定一个人语言能力的高低。事实上,在实际测试工作中,大家也都是这样做的。例如,世界上比较权威的测试机构,如美国的 ETS(Education Testing Service)和英国的 UCLES(University of Cambridge Local Examinations Syndicate),它们的各种考试都是采用分项考试的办法。

需要指出的是,尽管语言能力可以划分为具体的语言知识和语言技能,但它们之间不是孤立的,而是相互联系的,是整体语言能力的一个组成部分。具体的语言能力提高了,整体语言能力自然也跟着提高。整体语言能力是看不见、摸不到的,我们必须借助各项具体语言能力来推断整体语言能力。

既然语言能力可分,接下来我们就可以根据考生水平、考试的目的、规模、时间长短等来确定试卷各个部分的内容及其所占的比重。比重的确定不是一个很简单的问题。首先,要确定试卷各部分的比例;其次是研究每一部分有多少题目才能保证测试起码的效度;第三,题目数确定了,还要看考试时间是不是够。所以说,试卷的设计,必须要通盘考虑。

下面我们分析一些试题的总体结构,看看从中得到哪些启示。某次中学英语水平调查测试中,初三和高三试卷的总体设计和分数分配如下:

表3.1 初三、高三试卷总体设计

初三	语音	语法	词汇和阅读	满分
	20	45	55	120
高三	语音	语法和写作	词汇和阅读	满分
	10	35	75	120

不管这两套试卷总体设计还有什么缺点,有一点是明确的:初三和高三的水平测试应有区别,分数分配也不一样。初三试卷中,语言和语法占的比重大一些,没有测试写作知识,而高三的试卷中,词汇和阅读的比重大一些,这是合理的。我们再看大学英语四级考试的总体设计:

表3.2 大学英语四级考试总体设计

题号	各部分名称	题目数	计分	考试时间
1-20	听力理解	20 题	20 分	20 分钟
21-40	阅读理解	20 题	20 分	35 分钟
41-70	词汇用法和语法结构	30 题	15 分	20 分钟
71-90	完形填空	20 题	10 分	15 分钟
91	短文写作	1 题	15 分	30 分钟
	合计	91 题	100 分	120 分钟

在上面这五个部分中,分数经过加权处理后,听力理解每题 1 分,阅读理解每题 2 分,词汇用法和语法结构以及完形填空每题0.5分,写作一道大题共计 15 分。这个方案充分体现了大学英语教学大纲在培养目标上对不同语言能力的不同要求。在上面的五个部分中,词汇用法和语法结构可以看作是对语言知识的考核,其余四个部分都是对语言能力的考核。经过加权处理,对语言能力的考核所占的比例高达 85%,对语言知识的考核只占 15%,体现了在语言能力和语言知识的培养上,以培养学生的语言能力为目标的思想。

试卷的总体设计并没有一定之规,它是受考试目的制约的,同时也体现了命题的指导思想。总的来说,如果把语言能力分为接收能力(receptive skills)和运用能力(productive skills)两大项,测试初学者时,接收能力的题目多些;测试水平较高的学生时,运用能力的题目要多些。尤其是近些年来,人们越来越重视考查语言运用能力,这种项目的比重不断增加。

3.5 制订考试细目表

根据考试目的,决定了考试的类型、内容、题型及各种试题的比重之后,接下来的工作就是命题。但在动手编写题目前,还需要制订一份考试细目表(test specification),作为命题人员的依据。

考试细目表又称双向细目表,其中纵向为考试内容的分类;横向为知识或能力结构分类。在这个表中,除了要指出考试内容所占的比重外,还要指出每项内容所采用的题型、题量的分配比例以及考试时间分配等。对命题人员来讲,有了这个表,就像施工单位有了"施工蓝图",这个表制订得越精细、越具体越好,命题人员只要严格地按照这个表去"施工",就能编制出一份质量可靠的试题来。

下面是一份英语水平测试的双向细目表,收录在这里供大家参考。从这个表可以看出,考试的重点是语言的使用能力,特别是读、听、写。知识的比重为 25%,理解应用、分析各种能力占 69.4%,综合能力占 15.6%。

表 3.3 英语水平考试双向细目表

内 容　　分 类	知识	理解	应用	分析	综合	总计	比重	时间（分）
语法	10		10			20	12.5	20
词汇	20					20	12.5	60
阅读		40				40	25	
综合填充				20		20	12.5	20
听力		35				35	21.9	30
写作					25	25	15.6	30
总计	30	75	10	20	25	160	100	160

3.6 命题及编辑试卷

有了考试细目表,命题人员就可以根据它去编写题目了。应该说,命题是整个考试工作中最重要的一环。这是因为,考试目的再明确,考试要求再具体,题目设计不好,考试质量就无法保证。整个命题过程包括选材、编写试题、审题等环节,哪个环节出了问题都会影响到试题的质量。关于各种题目的设计我们将在第四章至第十二章进行详细的讨论,这里就不多说了。

试题编写完之后,就要把它们拼成一套完整的试卷。拼成试卷后,还应从这几个方面对试卷进行审查:第一,设计的题目是否如实地反映出考试细目表中的内容和要求?第二,题目的要求是否明白无误?第三,试题前后是否有提示?如果发现有这样的问题,必须将这样的题目换掉。第四,题目的难度是否适中?第五,题目的覆盖面是否够广?等等。此外,编排试卷时还要注意先出现容易的题目,后出现较难的题目。题型相同的题目应放在一起。当一份试卷中既有客观试题又有主观试题时,一般将客观试题放在前面,主观试题放在后面等等。规模大、影响大的测试在正式实施前还要进行试测,以验证试卷有没有缺欠,要不要作一些改动等。

第四章 如何设计多项选择题

顾名思义，多项选择题(multiple-choice question)就是一个题目给出多个选项，让考生从中选择一个正确答案。注意"多项"是指选择项不能少于 3 个，因为如果有两个选项，那就不是多项选择题了，而是"是非"题了。多项选择题中，选项可以是三个、四个、五个或更多，选项越多，题越不好出，也越不好做。

多项选择属于客观性试题类型。这种题型目前十分流行，尤其是在一些大规模的考试中，如高考、大学英语四、六级考试，研究生入学英语考试、出国人员外语水平考试等。在国外的一些著名考试中，如 TOEFL，GRE，GMAT 等多项选择题也被广泛使用。在大规模考试中，人们喜欢使用多项选择这一题型，主要是因为它具有评分客观这一特性。阅卷时可以无需人工，机器即可自动对考生的答题情况进行评阅。其次，多项选择题还可以用来测验许多方面的语言现象，如语音、拼法、词汇、词义、语法等，覆盖面广，使用起来也较方便，所以得到了许多测试工作者的青睐。

然而，多项选择这一题型又像一块"烫手的山芋"，近年来不断受到一些语言测试工作者，尤其是语言教师的批评。他们认为，这种题型只能考察被试的语言输入技能(receptive skills)，不能考察其语言输出技能(productive skills)，而语言输出技能是语言在实际运用中最典型的体现。尤其是近年来在语言教学领域人们强调学习语言要以"交际"为目的，要培养学生的语言交际能力。在语言测试领域，也出现了"交际语言测试"(communicative language testing)这一趋势。多项选择题的答题过程与人们实际使用语言的过程相距甚远，不带任何交际性，无法考察出考生实际运用语言的能力。多项选择题的使用不利于语言教学,对教学会产生不利的影响。所以,在英国的一些考试中,已不采用多项选择或降低其比例。其次,在答题过程中,正确答案的选定往往带有一定的偶然性,也就是说,有一定的猜测因素(guessing)。有些题目考生不一定知道哪个是正确答案,有时靠猜也能猜得出来。

我们认为,尽管多项选择题有这样或那样的缺点,在大规模考试中它还是有存在的必要。这种题型可以采用机器阅卷,会节省大量的人力、物力、财力和时间。采用机器阅卷,可以排除人为因素的影响,大大提高考试的信度。因此,在其他非选择题无法采用机器阅卷的情况下,多项选择题不失为一种适用于大规模考试的最可靠的题型。关键是要掌握多项选择题的科学的命题方法,发挥其优越性,避免其弱点,保证和提高试卷的质量。

4.1 多项选择题的格式

多项选择题有多种形式。标准的多项选择题由题干(stem)和选择项(options)组成。选择项中有答案(key)和干扰项(distractors)。这种题型又称填空性多项选择题。如:

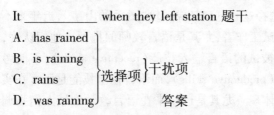

在上面的这道题中有四个选择项。理论上来讲,选择项越多,效度越高。原因是考生回答时猜测的因素就越少。但是,设计过这种题目的人都知道,选择项越多,就越难设计;有时为找一个好

48

的选择项要费几天或几个星期的功夫。一般来讲,正式的考试中用四个选项是恰当的。还有人说语法测试有四个选择项即可,但词汇测试最好有五个选择项。无论如何,只有两三个选项是不理想的,因为猜测的程度太大。如果只有两个选项,就成了上面所说的正误判断题了,猜测程度达到了50%。正误判断这种形式的题目在随堂测验或练习中可以使用,正规考试中很少使用。

另一种常见的多项选择题是取代型的,用于考词汇。做法是给出一个完整的句子作为题干,把其中要考的词用底线划出,要求考生从所给的选项中选取可以放到句子中取代划线词的选择项。如:

The Women's Army Corps was <u>founded</u> in 1942.

    A. discovered   B. supported

    C. established *   D. emphasized

另外一种多项选择题型称为集库多项选择题(banked multiple-choice)。如考介词时,可以把一段短文中所有的介词都拿出来放在一起,打乱次序,再额外加上几个介词加以干扰,让受试者一个一个挑出来填回原文中去。这种题型比四选一题型好出得多,但正式考试中少用,课堂练习中用的较多。

除此之外,还有配对型多项选择题(主要用于考语音、词汇或语法)和辨错型多项选择题(主要用于考语法)等。在此我们就不作详细介绍了,下面重点讨论填空型和取代型多项选择题的命题步骤及技巧。

4.2 命题步骤

在设计多项选择题时,首先要确定考点,也就是说,这道题要考什么,即命题内容。确定了考点以后,再根据考点写出题干和答案项,最后才写干扰项。到此命题工作并未完成,接下来要对选择项和题干进行修整,对选择项进行排列。如果一份试卷中有很多题目,还要调整答案的分布。

4.2.1 确定考点

我们知道,考试的内容与考试的效度有关。简单来讲,考试的效度是指一个考试是不是考了它所要考查的内容,在多大程度上考了它所要考的东西。在设计一份试卷时,首先要根据考试大纲规定的要考的内容,即考点。考点这个概念可大可小。比如英语中的非谓语动词是一个考点,而非谓语动词下面又分动词不定式、现在分词和动名词等等许多考点。我们在设计多项选择题目时要注意每个题目只考一个考点。这样,学生能集中精力,解决一个问题,有利于突出教学重点,评出分数后也便于找出考生的弱点。做到这一点有时并不容易,因为有些题目的干扰项挖空心思也找不到两个。例如,下面一道题同时测了时态和词序:

I never knew where _____.

A. had the boys gone

B. the boys have gone

C. have the boys gone

D. the boys had gone

某次高考中的一道题也有类似现象:

"Did you enjoy that trip?"

"I'm afraid not. And _____."

A. my classmates doesn't either

B. my classmates don't too

C. neither do my classmates

D. neither did my classmates

　　注意,我们这里所说的每道题只有一个考点,指的是具体体现在选择项的选择上的关键点。作为一道题的关键点的考点,还可能包含语法、惯用搭配、意义、修辞等等不同的因素。

　　一般来讲,在正规考试中,除考试大纲之外,还要有一份考试规范,把大纲上的考试内容和要求描写到可操作的地步,它是命题人员设计题目的纲领性文件,对考试的目的、内容、试卷各部分的题型、题目的难易度等、整份试卷的编排等都有规定。我们在设计题目时,一定要遵循考试规范。而具体到每道题目的考点,则应在服从考试的总体要求的前提下去考虑。总之,根据考试大纲和考试规范确定考点是命题的第一步,否则题目出得再好,也是无效的。

4.2.2 根据考点写题干和答案项

　　考点确定下来之后,接下来写出题干及答案项,这是一种合乎构思的自然顺序。对于填空型多项选择题,先把完整的句子写出来,然后按考点将要考的部分抽出来作为答案选项。那么是不是随便拿来一句话就可以作为题干呢? 当然不可以。语言测试的目的要为教学服务,要考查考生在实际环境下使用语言的能力。所以不能随便拿来一个句子就作为题干。作题干的句子一定要是符合考生的标准英语句子,不要去选那些怪句子、别扭句子作题干,请看下面的例子:

　　_____ ,I would take an umbrella with me.

A. Had I been you

B. I were you

C. Were I you

D. I had been you

这道试题,所给的答案是 C,这个答案从语法的角度来讲没有问题。可是在非正式场合的日常讲话中,正常的说法是把前头的从句去掉,只说 I would take an umbrella with me。如果不去掉从句,也会这样说 If I were you, I would take an umbrella with me,决不会在从句中用倒装的形式。就是说,很少有人在这种场合下说出这样文绉绉的话来。这样的英语不得体,不自然,所以就不能用作题干。

鉴于此,题干最好来自于实际语言交流的自然篇章(naturally-occurring discourse)。这样的题干不仅可以为考生提供一定的语境,而且命题也方便,这样也就保证了试题的真实性(authenticity)(见第二章语言测试的真实性)。

其次,题干要提供足够的信息,使考生明确题意,但同时又不包括无关的信息或暗示。例如:

South America _____.

A. is a flat, arid country

B. imports coffee from the United States

C. has a larger population than the United States

D. was settled mainly by colonists from Spain

这道题的题干光秃秃的,既没有足够的语境,也没有考查焦点,考生看后根本就不知道要考什么(这类题目在阅读理解测试中常见),只能一句句读下来去猜。此题所给的答案是 D,但题干几乎没起任何作用。从所给答案我们得知出题者想测试考生是否知道主要是哪些国家的殖民者定居南美洲。因此,此题可改为:

Most of South America was settled by colonists from _____.

A. England B. France
C. Holland D. Spain

这样一改,考点就清楚多了,考生一看题干就知道题意所在,从而轻松地聚焦到试题的目的。

又如,某次高考中一道题的题干结构就不够完整:

Some people like to stay at home on Sunday, but _____ cinema.

A. another B. other
C. others D. other one

正确答案是选项 C,但是填入空格后似乎还缺点什么,不能说省去了 like to stay。

除上面提到的两点外,在设计题干时,要尽量避免选择项重复使用同一个词或短语。像下面的这道题就不够简洁:

What do you do _____?
A. in an evening B. in the evening
C. on the evening D. at the evening

Don't you remember _____?
A. seeing the man before B. to see the man before
C. saw the man before D. to have seen the man before

这两道题应分别改为:

What do you usually do _____ evening?

A. in an   B. in the

C. on the   D. at the

Don't you remember _____ the man before?

A. seeing   B. to see

C. saw   D. to have seen

需要指出的是,并不是任何情况下都要把所有可以移到题干中的词都移到上面去,对于一些固定的词组或搭配(如 get rid of, put up with 之类),尽可能不要把它们拆开。尤其是在替代型的多项选择题中。我们以下面这道词汇题为例,题目的指令是:"选择替换句中划线部分的词"。而该题的 B、C、D 三个选项由于冠词的原因无法替换到题干中去:

I got a suit at Bernard Hall's.

A. jacket   B. overcoat

C. a pair of shoes   D. a set of clothes

这种情况下最好把名词和冠词结合起来处理。即把题干中的冠词和名词一起划线,选择项上也都加上冠词。修改后的题目为:

I got a suit at Bernard Hall's.

A. a jacket   B. an overcoat

C. a pair of shoes   D. a set of clothes

现在讲一讲正确答案的设计。在多项选择题中应该只有一个正确答案或最佳答案。如果使用正确答案型试题,正确答案必须绝对正确;如果使用最佳答案题型,答案必须是没有争议的最佳答案。题目设计中最忌讳的就是出现两个答案。出现两个答案的题目就成了废题。造成这种后果的原因往往是命题人员粗心大意。

请看下面一个例子：

The dictionary costs him _____.
A. less than　$20　　　　　B. less than　$25
C. more than　$27　　　　　D. more than　$30

在这道题中，如果选项 B 是正确答案的话，那么选项 A 也应该是正确的。如果正确答案是选项 D，那么选项 C 也应该是正确答案。原因是选项 A 和选项 B 的意思重叠，选项 C 和选项 D 的意思也重叠。这样本来是四个选项的题目变成了两个选项的题目，从而影响了题目的区分度和试题的信度。我们可以把它改为：

The dictionary costs him _____.
A. less than　$20　　　　　B. less than　$30
C. between　$20 and　$24　　D. between　$27 and　$29

如何保证答案唯一呢？其实没有什么绝招。唯有命题人员在设计题目时要细心。题目出来之后要反复推敲，自己觉得没有问题了，再请有经验的同事或专家审阅。只有经过多个人过目才能保证题目的质量。严格来讲，题目在正式使用之前，一般要经过试测，在试测过程中出现了问题还可以纠正。

其次，正确答案的长度应与选择项的长度大致相同，避免过短或过长。尤其是在阅读理解测试中(后面还要讲，这里就不举例说明了)，过长的选择项由于提供较多的信息，考生往往猜出此选项为正确答案。过短的选项信息量不够，考生就会将其排除掉。

另外，正确答案的分布要以随机的形式出现。出题时往往会忽视这一点，但题目出完之后，要检查一下答案的排列顺序，看看是不是所有的答案都集中在几个选项上。所以为了防止考生猜测，答案的调整工作也很有必要。

4.2.3 编写干扰项

在确定了考点,写完题干和答案之后,接下来便是编写干扰项。很多人有这样一种错误的观念,认为干扰项只不过是几个错误的答案而已,随便写几个就算了。这种看法是错误的。可以说,设计多项选择题目的学问和功夫都在设计干扰项上。要保证干扰项都起干扰作用,不是聋子耳朵——摆设。从另一个角度说,如果干扰项写得好,考生只能通过直接选择来回答,不能通过排除过程来回答。因此,我们说,编写干扰项要有根有据。在写干扰项时,要以受试者围绕本题考点可能会产生的反应为根据。那么,命题人员怎么会知道受试者的反应呢? 其实,有经验的老师往往知道自己的学生在哪些方面存在问题,或有哪些弱点。如初学者往往不知道 say, tell, talk, speak 这几个词之间的细微区别,弄不清应该选哪个词。在这种情况下,命题者就可以利用学生的这种弱点来编写干扰项。此外,还可以借助外语学习,外语与母语的对比,测试心理方面的理论来编写干扰项。用了理论和经验,再结合具体受试者的特征,针对题目的考点,才能写出有效的干扰项来。编写干扰项时要遵循和注意的事项很多,下面简述如下。

首先,干扰项要确实起到干扰作用。也就是说,每个干扰项对考生来讲都有一定的"吸引力"。做到这一点,一般有四种材料可供参考。一是自己的经验,也就是自己遇到的容易混淆的语言现象,以及发现学生容易混淆的现象。二是通过两种语言的对比分析所得的材料,如汉语和英语的区别。例如下题中的 found 就是根据汉语的习惯设计的,汉语中的"找"有时在英语中是两个不同的表达方式:look for 和 find。

"Here's your book, John. You left it on my desk."
"Thanks. I've _____ it everywhere."

A. looked for   B. found

C. looked   D. watched

也有一些是由于文化的不同而引起的语言表达方式的区别。下面的干扰项反映了中国文化和西方文化的差异:

"Thanks a lot."

"＿＿＿＿＿."

A. You're welcome   B. No thanks

C. Don't be polite   D. No need to thank me

不过应该注意,侧重语言和文化差别的干扰项不可过多。设计国际性语言测试时,这种干扰项应该排除,因为它们只"吸引"部分学生(如上面的干扰项只对中国学生不利,于是等于偏袒了其他国家的学生)。所以,有人主张国际性的语言测试是泛文化的(culture-free),这样才公平合理。

前面提到,设计干扰项更重要的根据是从前用过的测试中学生犯的错误和平时学生的作业中出现的错误。这两种材料最可靠,但要花些功夫去收集、分类。教师们在收集学生的错误上花点时间是值得的,因为这是研究学生过程和设计试题的宝贵材料。依据这样的素材设计的干扰项效果很好,而且与教学密切联系起来;从其他途径找来的东西往往不太成功。

在设计词汇题的干扰项时要注意这么几点。第一,干扰项要与正确答案保持同等难度;如果其中一个特别容易,考生立刻可以排除。第二,选意义相近的词。下面的三道题设计得很好。

1. Although your offer for the house is \$200 below the asking
   ＿＿＿＿＿, they'll probably accept for the sake of a quick sale.

A. cost   B. value

C. price   D. amount

2. Looked from your _____, the position is intolerable.

 A. attitude   B. state

 C. standpoint   D. opinion

3. In spite of the _____ hostility of his colleagues, he went
ahead with the experiment.

 A. introductory B. preparatory

 C. initial   D. preliminary

第三,虽然词义不相近,但在上下文中有一定道理。下面两题中的
干扰项填进去都不至于使句子荒唐可笑:

1. When they asked me to make a speech, I was <u>at a loss for</u>
<u>words</u>.

 A. elated   B. dumb

 C. surprised   D. tongue-tied

2. Being already a graduate from another university, he was
_____ from the entrance examination.

 A. exempted   B. excused

 C. prohibited   D. deferred

第四,有的干扰项词义不相近,但形式相近,也能够起到一定的干
扰作用:

1. Our petrol <u>ran out</u>.

 A. was used up B. leaked out

 C. flowed out   D. was sold out

2. Don't forget to _____ well. It's very cold outside.

A. dress up   B. wrap up

C. close up   D. roll up

设计题目时,利用词形、意义或结构上的近似是设计多项选择题的基本技巧。一般命题时,能够利用上一个方面就可以了,不必强求四个干扰项都互相近似,有时两两相近也可以。如:

Peter was seen crying when he was coming out from the principal's office. We can _____ that he must have been punished by the principal.

A. induce   B. induct

C. deduce   D. deduct

4.3 多项选择题的命题要求

以上我们介绍了多项选择题命题的几个步骤及技巧方面的一些要求。除此之外,在设计一个题目时,还要考虑到其他方面的一些要求。

4.3.1 语言正确、地道、得体、简洁

这是设计题目最基本的要求,题目设计者自己语言功夫不到家,写出来的句子不地道,无法拿出来作为考试题目去考别人。所以说,作为命题人员,自己的语言要过关。当然,人无完人,初次参加题目设计的人员也不要因为命题时犯了些错误而气馁,应该虚心向有经验的教师学习,向资深年长的测试专家学习。在设计完一道题目之后,首先检查一下自己设计的句子是否有毛病,拿不准的地方可以虚心向别人请教,多翻翻参考书,向外国专家请教等。

总之,题目设计的第一关,是要过好语言关,尽量避免犯语言方面的错误。

关于语言得体性的问题,我们在前面已举例说明,在此不再赘述。需要指出的是,啰里啰唆的题目一定要改得简洁一些。如下面这道题:

High temperatures and heavy rainfall characterize a humid climate. People in this kind of climate usually complain of heavy perspiration. Even moderately warm days seem uncomfortable. Which climate is described?

A. Savanna.

B. Tropical rainforest. *

C. Tundra.

这道题的题干就非常臃肿,建议改为:

Which term below describes a climate with high temperatures and heavy rainfall?

A. Savanna climate.

B. Tropical rainforest climate. *

C. Tundra climate.

除了大的问题之外,一些细节性问题,如语法、拼写、标点等方面的问题更要注意。千万不要小看这些问题,一旦检查不出来,它们也会影响试题的质量。

4.3.2 避免试题的偏颇性

我们在讨论题目设计时曾提到可以利用中外文化方面的差异

来设计干扰项。这要看受试的群体。弄不好就会出现偏颇性的题目，造成考试不公平。碰到这种情况，要尽量避免。请看下面的例子（李筱菊，1997）：

The whole family ate dinner at the restaurant.
A. cafe   B. tea house
C. hospital   D. clinic

这道题的答案是 A 还是 B？提供的答案是 A。对那些未领略到西方咖啡馆文明的学生，咖啡馆里能吃饭，恐怕不一定知道。而在来自广东和广西的考生看来，茶楼和餐馆往往指的是同一回事。这显然不是词汇问题，而是文化背景问题。需要指出的是，语言考试是考考生的语言能力，而不是考文化知识，历史知识，世界知识。设计题目时要尽量避免测验知识性的题目。

4.3.3 选择项与题干的相容性问题

所谓选择项与题干的相容性是指选择项能不能放进题干中去。我们在设计题目时，有时往往只注意到正确答案项与题干的相容性，而忽略了干扰项与题干的相容性。衡量一个选项与题干是否相容，有三个标准：语法、搭配和意义。答案项，毋庸置疑，必须能完完全全地放进题干里去。也就是说，答案项无论从语法、搭配还是意义上放进题干里去都应讲得通。而对于干扰项就不一定了，尤其是考语法的题目，既然是考语法，把干扰项放进题干中去，从语法的角度来讲题干就不应该是通顺的句子，否则就不是考语法，而是考其它了。如：

I can't help _____ anxious about the situation.
A. feel   B. to feel

C. felt   D. feeling

这是一道考语法的题目,四个选项中只有选项 D 放进题干中才讲
得通,其它几个选项都放不进去。

而对于词汇题目,是不是要求四个选项也必须从上述三个方
面与题干相容呢? 不一定。在替代型词汇题中,从语法的角度而
言,干扰项放进题干中有时是可以的,但从搭配的角度而言则不可
以。因此,命题人员往往利用搭配与题干不相容的选择项作为干
扰项。例如:

Lee charges a high _____ for his services.
A. profit   B. salary
C. fee   D. payment

这几个选项意思相近,且都是名词,从语法角度而言,放进题干中
去都可以,但从搭配上来考虑,只有选项 C 是正确的。人们一般说
charge a fee, make a profit, receive a salary/payment。

除考搭配外,词汇多项选择题更主要是考词汇的意义。所以,
利用意义因素作为考点的干扰项,也是词汇考题重要的干扰项类
型。如:

It's too windy to go for a stroll.
A. swim   B. sail
C. drive   D. walk

把这道题的四个选项放到句子中去,句子无论从语法、搭配和意义
上,都是对的。这样的题目考查的完全是词义。这是对替代型词
汇题而言,对于填空型词汇题,选择项从意义上则不能与题干相
容,这是由题干的语境决定的。这种题型不像替代题型那样,用原

62

词的意义限制答案项,只能靠题干的语境从意义上给答案项加以限制。

4.3.4 尽可能保持选择项的相似性

前面提到,设计选择项时,各个选择项的长度要尽量保持相似,实在做不到,也要两两相似。长短不一的选项要尽量改得长短一致,因为较长的选项往往把答案暗示给了考生。

除了长度上保持一致外,选择项的结构也要尽量保持一致。如果四个选择项中突然有一个与其他三个选项的结构不同,往往也会影响受试者的选择。比如一道题的四个选项中有三个选项是一个单词,而其中的一个选项是词组,这个选项就不好。除此之外,四个选项的类属也应一致,如果实在做不到,起码两两成双。下面的例子就属于词类不一致。

He did not remember my name ＿＿＿＿＿＿ after he had greeted me.

A. when   B. just

C. until   D. while

在这道题中,A、C、D 三个选项均为连词,而选项 B 为副词,它单独属于一个词类而显得"不合群",作为干扰项的效力大大降低。建议把 just 也换成一个连词,如 as。

最后需要指出的是,在设计选择项时,几个选择项的难度也要求一致。在设计词汇多项选择题时,尤其应注意选项的难度不要高于被考的词。例如:

A famous scientist is trying to explain his new findings.

A. elucidate   B. emulate

C. elicit   D. eradicate

上面这道题中,划线词 explain 是个常用词,相比较而言,四个选项都没有 explain 简单,其难度级别都超过 explain 这个词。因此,这样的选项就不太理想。词汇题选项中有时会出现一个词的难度级别明显高于其它几个选项,这时就要把该词换掉。

4.3.5 题干或干扰项不要为答题提供线索

在设计多项选择题时,有时一不留神,就会给出答案的线索。前面谈到如果答案项在长度、结构、类属或难度上明显地不同于其它几个选择项,往往会提供线索。而同一份试卷中的某道题目有时也会为其他题目提供线索,需要拼题人员在最后审题时一定要注意这方面的问题。除这几种情况外,有时题干、干扰项也会提供解题线索。比如:

The best way to increase the reliability of a test is to
_____.

A. increase the test length

B. removing poor quality items

C. test should be readable for all test takers

很明显,选项 A 提供了语法线索。选项 B 和选项 C 放进题干中去不合语法。另外,这三个选项从类属上来讲也不一致,因此选项 B 和 C 不佳。

4.3.6 避免出诡计题

所谓诡计题目就是命题人员在设计试题时,干扰项"巧"得过

64

了头,结果所有考生都中圈套,或者是好学生可能比差学生更可能中圈套,这样的题目就是诡计题。可想而知,这种题目的区分度一定很低。Heaton(1975)举了一个很明显的例子:

When I met Tim yesterday, it was the first time I _____ him since Christmas.

A. saw   B. have seen

C. had seen   D. have been seeing

他认为,这道题是故意用时间状语 since Christmas 作为圈套。学得好的学生在碰到 since ... 引起的时间状语的句子时,往往会想到它和现在完成时连用,因此很容易选 B 或 D,正好中圈套。学得不好的学生想不到这一点则有可能选择正确答案 C。这样的题目就叫诡计题,我们在设计题目时,应该避免犯类似的错误。

从以上分析可以看出,设计一道合格的多项选择题需要考虑到方方面面的问题,并非信手捻来。它需要命题者的思考、智慧和经验,并且需要有一定的创造性,只有这样才能保证试题的质量。

在设计阅读理解测试的多项选择题目时,还有一些其他应注意的事项,我们将在设计阅读理解测试的一章中向读者介绍。

第五章 如何设计完形填空

完形填空是一种填充题,很像句子填空,更像我们平时说的综合填空,是目前各类英语测试中最常采用的一种题型。就是拿一篇短文,去掉其中一些词,让学生根据上下文在空格内填上适当的词。但是应该指出,真正的完形填空与我们的综合填空并不一样,而且设计起来也有不少讲究。

5.1 什么是完形填空

完形填空最初叫完形程序(cloze procedure),是由 W. L. Taylor 在 1953 年发明的,其根据来自于格式塔心理学(Gestalt psychology)。Gestalt 是德语词,意为"完形","经验的整体"。这派心理学家认为,人们观察物体形状时,会下意识地把形状中的空缺填补上去。例如,下面三个图形中都有空缺,但是我们不自觉地把第一个看成圆,第二个看成一个正方形,第三个看成一个三角形:

图形1   图形2   图形3

Taylor 认为,人的阅读过程也是完形的。把一个句子或一篇短文中去掉几个词,就好像有空缺的图形一样,人们也会"无意识

66

地"把它们填补上去,使之成为完整的句子或文章。有人举过这样几个例子,说有空缺的语言与有空缺的图形有相似之处,又有不同点:

1. one, t _/ _, t _/_/_/_/, f _/_/_/, _ ive, _/_/x, ... _/_/n
2. Four _ _ _ _ _ _ and seven _ _ _ _ _ ago, ...
3. After the mad dog had bitten several people he was finally sxghtxd nxxr thx xdgx xf txwn xnd shxt bx a local farmer.
4. It is true that persons _____ view the treatment of mental _____ from a clinical perspective tend _____ explain socioeconomic and ethnic differences _____ biological terms.

单从形式上看,有空缺的语言片断确实像有空缺的图形,但它们的完形过程大不相同。还原有空缺的语言片段,实际上是进行信息处理。所以有人从信息论的角度来解释完形测试的原理。自然语言中有许多冗余的信息。有人举过一个有趣的例子,说 man coming 完全表达了 A man is coming this way now 的意思。当然,第二句更像英语,但它有多项冗余的信息:主谓为单数的概念三次出现(a, man, is),现在时两次出现(is coming, now),行为方向两次出现(coming, this way)。由于这种意义上的重复和词汇之间的内在联系,我们能够去掉许多词而不影响传递信息。因此,在用语言接收信息时,有几个词没有听清楚或没有看清,关系都不大。实际上,在信息渠道很不好的情况下(如打长途电话),免不了有的词听不清(即有空缺的语言),但不影响沟通思想。一个人的语言水平越高,可容忍的被破坏的信息度越大。但是,完形测试不仅涉及到破坏信息量,而且涉及语言本身的难易程度,这种难易程度不仅与文字本身有关,而且与对内容的熟悉程度有关。

比较一下上述几个图形和语言的例子,把被破坏的信息复原的过程似乎是一样的:把丢掉的部分填充回去。而且,这几个例子还说明,越是熟悉的东西,冗余的信息越多,还原起来也就越容易些。这几个图形具有普遍性,任何国家的人都可立刻识别,还原起来比较容易。四个语言片段中,对使用英语的人来说,例1太熟悉了,冗余的信息很多,甚至再拿掉几个字母,还能认出来 one, two, three, four, five, six, ... ten。例2的文字并不难,关键在于是否熟悉这句原话。熟知林肯的演说稿的人,几乎一眼就能填 four scores and seven years ago。不知道这篇演说的人,不可能填出来。不过,复原残缺的语言片段过程,并非如此简单,还要用到许多其他知识。例3就比较复杂了。看完前半句,知道疯狗已经咬了好几个人,读者就开始预见下文应该说什么。普通社会常识告诉他,疯狗对社会危害性很大,最好赶快把它除掉。再往下读,即使中间的从句没有马上看懂,shxt bx a local farmer 也会证实他的预见:狗确实被处死了。回头再看 sxghtxd,预料到应该是"抓到""找到""发现"等意,再根据拼法知识,则可推出 sighted。于是全句 After the mad dog had bitten several people he was finally sighted near the edge of town and shot by a local farmer 就可以复原了。例4所牵涉的知识就更多。文字本身也难,拿掉的词也是各种各样的:有定语从句的代词,一个专用名词 retardation,两个词之间的 to,一个短语 in... terms。

由于上述原因,人们发现,让学生复原残缺的语言片段,是测试学生系统的语言知识的有效手段。去掉的词越多的短文,文字越难的短文,要求学生具有的语言水平就越高。

5.2 完形测试的几种形式

完形填空发明之初是用来测试母语文章的可读性,后来被广泛应用于外语测试中。其间,完形填空的形式也发生了变化,出现了多种不同的题型。下面我们分别介绍。

5.2.1 定距删词完形填空(the fixed-ratio cloze)

所谓定距删词,就是指固定地每隔多少个词删掉一个词。一般的标准是每隔 5 个词到 11 个词,去掉一个词。有的认为,只隔单数词,即每隔 5、7、9、11 个,去掉一个。有人认为每隔双数词也可以。但多数人认为,少于 5 个词太难,多于 11 个词太容易。无论每隔几个词去掉一个,重要的是去掉词时要有规律。就是说一旦决定每隔 7 个词去掉一个,全篇的空格一律每隔 7 个词出现一次,不允许一会儿 7 个,一会儿 8 个。据说,经过多次实验,有规律地去掉词才能保证测试的信度和效度,没有规律地去词,信度和效度都偏低。下面是一个比较标准的例子:

What is a college?

Confusion exists concerning the real purposes, aims, and goals of a college. What are these? What should be a college?

Some believe that the chief function (1)_____ even a liberal arts college is (2)_____ vocational one. I feel that the (3)_____ function of a college, while important, (4)_____ nonetheless secondary. Others profess that the (5)_____ purpose of a college is to (6)_____ paragons of moral, mental, and spiritual (7)_____ Bernard McFaddens with halos. If they (8)_____ that the college should include students (9)_____ the highest moral, ethnical, and religious (10)_____ by precept and example, I (11)_____ willing to accept the thesis.

I (12)_____ in attention to both social amenities (13)_____ regulations, but I prefer to see (14)_____ colleges get down to more basic (15)_____ and ethical considerations instead of standing in loco parentis (16)_____ four years when (17)_____ student is attempting in his youthful (18)_____ awkward ways, to grow up. It (19)_____ been said that it was not (20)_____ duty to prolong adolescences. We are (21)_____ adept at it.

There are those (22)_____ maintain that the chief purpose of (23)_____ college is to develop "responsible citizens." (24)_____ is good if responsible citizenship is (25)_____ by-product of all the factors which (26)_____ to make up a college education (27)_____ life itself. The difficulty arises from (28)_____ confusion about the meaning of responsible (29)_____. I know of one college which (30)_____ mainly to produce, in a kind (31)_____ academic assembly line, outstanding exponents of (32)_____ system of free enterprise.

Likewise, I (33)_____ to praise the kind of education (34)_____ extols one kind of economic system (35)_____ the exclusion of the good portions (36)_____ other kind of economic systems. It (37)_____ to me therefore, that a college (38)_____ represent a combination of all (39)_____ above aims, and should be something (40)_____ besides-first and foremost an educational (41)_____, the center of which is the (42)_____ exchange between teachers and students.

I (43)_____ read entirely too many statements such (44)_____ this one on admissions application papers: "(45)

_____ want a college education because I (46) _____ that this will help to support (47) _____ and my family. " I suspect that (48) _____ job as a bricklayer would help this (49) _____ to support himself and his family (50) _____ better than a college education.

(Oller and Conrad, 1971)

定距删词完形填空的问题是,有的空格太简单,有的空格太难;很可能让人感到,想测的没测到,不想测的又偏偏测着了。所以后来人们开始"灵活运用"这种标准。最明显的困难是,空格上遇到人名、地名、日期、数字时怎么办。这四种东西很难还原,于是人们决定,人名、地名、日期和数字一律不算在内。

5.2.2 合理删词完形填空(the rational cloze)

所谓合理删词完形填空是指打破标准完形测试的规定,不定距地、有选择地删除短文中的一些词,如功能词、动词或名词等。这样就改变了完形测试的随机性,加强了目的性和实用性。原来的所隔词数标准只作为一种参考原则,掌握平均每隔多少词去掉一个。于是,出现了许多完形测试的变体。下面这种变体已普遍,空格是有目的的,不受所隔词数的限制,但平均每隔 9 个词空一个,第一主句是完整的。

The natural method of learning a foreign language almost necessarily implied residence in the country where _____ language is spoken. But residence abroad has also _____ own linguistic drawbacks. It sounds well to talk of "picking _____ a language" _____ ear in the country, but most good linguists will confess that they learnt nearly everything from books, especially at the beginning of _____ study. There are, indeed, many obstacles _____ learning from conversation. In the hurry of talk we are to mishear and forget, so that _____ we learn in that way is _____ reliable. Conversation is not really _____ means of learning new words and expressions, but _____ of practice in hearing and reproducing what have learnt. In conversation we _____ have the disadvantage of hearing the _____ way of knowing _____ those questions were expressed correctly, for it is very difficult to overhear the native speakers asking each _____ questions which will serve _____ patterns for our own _____. Rash productions for what we hear casually may land us in vulgar, ludicrously slangy or _____ objectionable expressions.

但是,无论如何变化,平均所隔的词数不宜超过 11 个;超过了就起不到完形测试的作用。

所谓合理删词完形填空的优点是命题人员可以有意识地确定考点。比如,如果考查考生对时态的掌握,可以有意识地删除短文中能体现时态用法的动词。如果要考查考生对介词的掌握,可以有选择地删除一些介词等等。但有人认为这种形式的完形填空带有很强的主观性,不属于真正意义上的完形填空,因为它违反了完形填空随机删词的原则。实际上,所谓标准型的完形填空在确定删词的距离时,也是主观的,到底是每隔 7 个词还是 9 个词删词,完全是凭命题人员的主观判断,没有一定的客观标准。

5.2.3 选择式完形填空(the multiple-choice cloze)

无论是定距删词完形填空还是合理删词完形填空,都会遇到这样一个问题,即考生所填出来的词虽然和原文中的词不一样,但放回空格处也是可以接受的,有时比删掉的词可能还要好,这就为评分带来一定的麻烦。为了解决这个问题,人们又设计出一种新的完形填空,把它与多项选择相结合,即给每个空格提供几个选择项,其中只有一个正确答案,其他是干扰项,这就避免了评分中的争议。不过,新的问题又出现了。提供四个或五个选择项,实际上就等于给学生以提示:本来学生可能想不到正确答案,一看到选择,给他提醒了。这样一来,题目的难度就降低了。难度降低后每隔多少词空一个词,就又没有依据了。我国的英语水平测试(EPT)中的完形测试题,提供四个选择项,每隔8—9个词去掉一个。

例如:

People associate colors with different things and feelings. Red, for example, is the colour of fire, heat, blood and life. People say red is an ___1___ and active colour. They associate red with a strong feeling like ___2___ . Red is used for signs of ___3___ , such as STOP signs and fire engines. Orange is the bright, warm colour of ___4___ in autumn. They say orange is a ___5___ colour. They associate orange with happiness. Yellow is the colour of ___6___ . People say it is a ___7___ colour. They associate yellow, too, with ___8___ . Green is the cool colour of grass in ___9___ . People say it is a refreshing colour.

1. A. exciting   B. amusing
   C. interesting   D. entertaining
2. A. sorrow   B. anger
   C. admiration   D. sadness
3. A. roads   B. ways
   C. grass   D. places

4. A. trees   B. leaves

    C. grass   D. rivers

5. A. lively   B. dark

    C. noisy   D. strong

6. A. coffee   B. light

    C. sunlight   D. stars

7. A. terrifying   B. sad

    C. happy   D. cheerful

8. A. anger   B. happiness

    C. sorrow   D. hatred

9. A. spring   B. summer

    C. autumn   D. winter

采用与多项选择结合、不受隔词数限制等方法,是否就没有矛盾呢?还是有。空格之间的词数不必统一,但也不能完全随心所欲。进而言之,如果连着三句话没有空格,然后一句中出现四五个空格,显然会失去完形测试的意义。

下面是 1984 年北京地区高等院校夜大学招生的英语试题之一:

If you (1) to get the (2)   1. _____

out of the (3) of a language, you   2. _____

must also read (4) pleasure: no-   3. _____

vels, plays, travel books, and so   4. _____

on. And (5) reading books of   5. _____

this kind the important (6) is to   6. _____

get on (7) the reading; to try to   7. _____

(8) what the writer is going to   8. _____

(9) you in the book (10) a   9. _____

whole.   10. _____

74

This is impossible (11) you stop and think over the (12) of every single (13) which happens to be unfamiliar. You cannot (14) a story if you (15) half a dozen times (16) every page in order to look up (17) in the dictionary. You may (18) prevent yourself (19) understanding the story (20) a whole by doing this.

11. _____
12. _____
13. _____
14. _____
15. _____
16. _____
17. _____
18. _____
19. _____
20. _____

应该说,这道题相当难。首先,全文共 121 个词,空了 20 个词,平均每隔 5 个词空一个。第二,头一句就有空格,而且第一个句子就有 4 个空格。第三,空格之间只隔两个词的一处,只隔 4 个词的 4 处。这就 9 处,占总数的 9/20。这道题与其他题的相关系数,我们不得而知,不过可以料想不会太高。再看下面这道高考题:

Drawing a picture is the simplest way of putting an idea down on paper. That is _____ men first began to write six thousand years ago or _____. The alphabet we now use _____ down to us over a long period of time. It was _____ from the picture-writing of ancient Egypt.

Picture-writing was useful in many _____. It could be used to express ideas as well as _____. For example, a drawing of a _____ meant the object "man", _____ a drawing of a man _____ on the ground with a spear in him meant _____.

Besides the Egyptians, the Chinese _____ the American Indians also developed ways _____ writing in pictures. But only

_____ much could be said _____ them. Thousands of pictures would have been needed _____ express all the ideas that people might have. It would have _____ many thousands more to express all the objects _____ to men. No one could _____ so many pictures in a lifetime. _____ could anyone learn the meaning of all _____ drawings in a lifetime.

据说,学生普遍反映这道题难,为什么? 文字本身有些难,文章内容学生不太熟悉,这些都暂且不说。在 176 个词的短文中,有 20 个空格,平均 7.8 个词一个空格。如果只看这个平均数,再加上有四个选择项,似乎此题还说的过去。不过,既然难,就必须有根据。细看,第一句没有空格,这是符合要求的。但这就需要在总词数中减去 14 个词,则平均 7.2 个词一个空格。再看,这 20 个空格之间各有多少词呢?

	两空格之间的词数								
	4	5	6	7	8	9	10	11	12
空格数	3	4	3	2	1	1	2	2	1

问题清楚了。有一半空格之间只隔了 4—6 个词;有 35% 的空格之间只隔了 4—5 个词。这种设计恐怕不十分妥当。

5.2.4 完词式完形填空(C-test)

C-test 也是完形填空的一种变体。这种题型是德国的 Klein-Braley(1981,1985)于 80 年代发明的。其格式是:选一段短文,其第一句和最后一句不删掉任何词,从第二句的第二个词开始,每隔一个词删一个。注意,删词时不是将一个词完整地删掉,而是保留该词的第一个或前几个字母,将后面的几个字母删掉。如:

76

There are usually five men in the crew of a fire engine. One
o _____ them dri _____ the eng _____. The lea _____ sits
bes _____ the dri _____. The ot _____ firemen s _____ inside
t _____ cab o _____ the f _____ engine. T _____ leader h _____ u-
sually be in t _____ Fire Ser _____ for ma _____ years. H _____
will kn _____ how t _____ fight diff _____ sorts o _____ fires.
S _____, when t _____ firemen arr _____ at a fire, it is always the
leader who decides how to fight a fire. He tells each fireman what to
do.

(Klein-Braley and Raatz 1984)

这是 C-test 最初的形式。后来人们在这个基础上又发展出其
他形式的 C-test。如每隔 7—11 个词删一个词,保留被删词的第一
个或前几个字母,如:

Children in Hospital

Children's hospitals are much more human nowadays than they
used to be. This has nothing to do with them being modern or n_____
(1). It depends on the attitude of the staff. Nurses must d_____ (2)
everything they can to make children feel at home during their s_____
(3) in hospital. They can only do this by looking at things t_____ (4)
a child's eyes. In some hospitals, children are still separated from
t_____ (5) parents after arrival. If nurses have been well trained they
will u_____ (6) understand how worried little children are on such oc-
casions and t_____ (7) of the parents as partners, who are helping to
make t_____ (8) child calm again. Instead of taking the child away as

77

soon a＿＿＿（9）he arrives，they should let the mother stay with him before h＿＿＿（10）fear of the new surroundings has passed.

C-test 的优点是命题容易，不需要什么高深的技巧，根据需要隔一个词删几个字母。第二，与一般的完形填空相比，其题目抽样数量要大得多，一段短文可以抽出很多考点。第三，评分客观。但这种题型也有一些缺点。如试题的效度不够好，表面上看起来题目有点支离破碎。其次，非本族语学生使用这种题型的效度如何还没有彻底得到验证。

5.3 完形填空题目设计要求

设计完形填空时首先碰到的是选材问题。首先，短文的语言必须地道、准确、得体。其难度一般要低于阅读理解文章的难度。完形填空短文的长度没有硬性规定，有人认为350—500比较适宜。因为太短了不能提供完整的语言环境，太长了给学生造成的压力太大。但是如果文章简单，并能自成一体，150—200字也可以。标准完形测试还有一条要求，就是短文要是原著，最好出自于名家之手。据说，使用经过修改的或简化了的文章，或非本族语者撰写的文字，信度和效度都不理想。不过，更重要的问题是评分困难。用名家之作，一律以原义为正确答案；不是原作，正确答案很难确定。

文章选好后，接下来就是删词。删词时应注意以下几点：

第一，短文第一句或头两句是完整的，不去掉任何词，目的是为了把学生引入语境。从第二、三句再开始算每隔几个词去掉一个。

第二，删词时遇到文章中有专有名词，如人名、地名以及数字、日期时要避开。这些东西不属于语言测试的范围，学生无法根据上下文填出来。

第三,删掉的词应有难有易。虚词就比较容易填;用本句语法信息可以判断的词也容易填,如词组的一部分,时态的一部分或固定表达方式的一部分。还有几个要靠前面的句子或后面的句子的内容来判断或推导的,那就要难一些,但确实是考理解能力和写作能力的。没有后一种填空,就失去完形测试的意义了,就成了单句填空了。也就是说,insist ____ doing 中知道填介词 on,但这句子可以根本没有看懂。

第四,设计选择式完形填空时,选择项的设计很讲究,与设计多项选择题要求一致,这里就不细讲了,请参见第四章有关内容。

5.4 完形填空的评分方法

关于完形填空的评分方法,在 5.3 中有的已经介绍,这里再补充一下。完形填空的评分标准是测试专家们争论多年的问题。目前主要有两种评分办法。一是惟一选择法(only word method),就是只有填出文章中原来使用的词才算对,其他的选择都算错。二是可接受选择法(acceptable word method),就是只要在空格上放上使原文语法和意义都可能接受的词,就算对。第一种方法减少了许多麻烦,干脆利落;但不公平之事常有发生。文章的原词当然是对的,尤其是如果原文为名人之作;但学生的选择也未必都错,说不定偶尔也会高于原词。所以许多人不喜欢这种评分方法。第二种方法比较公平合理,不过十分麻烦。有时为决定哪几个词算“可接受的”词,可以争得面红耳赤,最后互相妥协。于是“可接受的”词数目偏多,结果降低了测试的信度和效度。

上面的评分方法是针对定距删词完形填空及合理删词完形填空而言。对于选择式完形填空及完词式完形填空则不存在这个问题。因为无论是选择式完形填空还是完词式完形填空,正确答案只有一个,所以很客观。

C-test 的评分,也可以机器评分。那就是在答卷的纸上,每一个空格都印有 26 个字母,让应试者把要填上的字母涂黑。光电阅读机则可判断是对是错。完形填空出现之初是用来测试母语文章的可读性,后来被用来测试学生的总体外语水平及阅读理解能力。这种题型具经济、简便、易用等特点,目前已广泛应用于各种外语测试之中。但需要指出的是,同一篇短文,按不同的比率删词,会得到不同难度的试题,考生也会得到不同的分数,如何解释这种现象? 第二,几种完形填空的效度如何? 哪种题型更适合用来测量学生的总体语言水平? 这些问题都需要我们进一步进行研究。

第六章 如何设计词汇测试

　　前几章讨论的是试题设计应该注意的普遍问题。从本章开始,我们将讨论如何测量不同语言要素和不同语言技能的问题。在设计不同类型的试题时,各有一些具体问题需要注意。

　　词汇是语言的重要要素。词汇测试是语言测试的重要组成部分。大部分标准测试中都有词汇项目。我国的高考英语试题中词汇测试和语法测试是放在一起的,统称为多项选择。其中近年来词汇项目已占到一半以上。在硕士研究生英语入学考试及出国人员英语水平考试中,词汇项目也占相当的比例。美国的 TOEFL 考试过去一直单设词汇项目,现在则把词汇项目的测试和阅读理解放在了一起。英国剑桥的水平测试中(Cambridge Proficiency Examination)中词汇项目也占不小的比例。

　　词汇测试之所以重要,是因为它与其它测试的相关性十分明显。有人做过试验,发现词汇与语法填空的相关系数为 0.71,与语法顺序的相关系数为 0.64,与阅读理解的相关系数为 0.85,最高。这几个相关系数这么高是很自然的。任何题目都是由词汇构成的,在这个意义上,词汇测试无所不在。

6.1 词汇的选择

　　在设计词汇题时,首先面临的问题是应选择哪些词汇来测?如果是随堂测验或成绩测验,可以直接从所学课本中选择,这种测试属于学什么考什么,目的是为了检查学习的效果。如果是水平测试,问题就复杂一些。

　　首先,词汇有积极词汇(active vocabulary)和消极词汇(passive vocabulary)之分。积极词汇指学生在口头表达和书面表达中能够熟练应用的词汇,消极词汇指学生在阅读时应能够认知的词汇。其次,语言有口语和书面语之分。口语中使用的词汇和书面语中使用的词汇也不相同。那么,词汇测试到底是要测量考生的积极词汇还是消极词汇,测试项目到底应取之口语还是书面语呢?

　　一般来讲,对于初级或中级的英语学习者,口语中使用的词汇所占的比例要大一些;对于高级学员而言,则应侧重于书面语词汇。

　　除了上面提到的两点之外,设计词汇题时,还要考虑到词汇的代表性问题。到了中级或高级阶段,学生知道的词汇有很多,不可能把所有学过或见过的词汇都列在试卷上,只能挑选几十个有代表性的。所谓代表性,就是通过这几十个词汇就能判断学生的词汇量。选词的依据是什么? 成绩测试根据教学大纲,词汇的选择相对容易一些。水平测试最好依据词汇出现的频率(frequency of occurrence)。初学者学过的词汇较少,比较容易选择,教师凭自己的经验就可知道。到大学本科二年级,单凭经验就不够了。这时就要参考词频表。可惜的是,目前国内英语词频表或词频词典还不普及。国外最早的英语词汇词频表是 E. L. Thorndike 和 I. Lorge 编的 *The Teacher's Word Book of 3,000 Words* (1951)和 Michael West 的 *A General Service List of English Words*(1953),从出版的年代看,这两个词频表很老了,50 年代流行的词现在可能过时了。近年来,国外出版的词典有的则有词频信息,如 Longman Dictionary of Contemporary English(1995 年版)及 COLLINS COBUILD ENGLISH DICTIONARY (1995 年版)。词频表或词频词典是教材编写和语言测试的主要依据。如果选测 30 个词,一定要能按词频分出几个档次。要能说出,学生答对哪一个档次的词,就说明他的词汇有多少。词汇测试的效度、信度和区分度,主要依赖于词汇的代表性和档次的划分。上面提到,随堂测试和诊断测试中的词汇用不着这么严格。随堂测试可以只测本周所学的新词;诊断测试可以只测教师想了解的某些词汇。这两种词汇测试与其他测试之间不存在相关关系。

6.2 词汇测试的题型

选定了有代表性的词汇,接下来就要选择测试方式。词汇测试的形式主要有三种:配对型、取代型和填空型。

6.2.1 配对型词汇题

配对型词汇题就是把所要考的(目标语)单词和它的意义配对。这种题型又分好几种形式。最简单的办法就是让学生用母语注释外语单词的词义。例如:

题目:写出下列单词的汉语意义:

spread	(	)	suggestion	(	)
announce	(	)	seller	(	)

这种办法的优点是直截了当,缺点是遇到多义词时会出现复杂情况;而且,所给的汉语词义只能与英语词义部分重合。此外,这种答案不能用机器来评阅。为了避开多义词的困难,可以用多项选择的形式:

1. spread
   A. 展示　　B. 吹散　　C. 喷射　　D. 欢闹
2. suggestion

A. 暗示　　　B. 支持　　　C. 影射　　　D. 劝告

3. announce

A. 鼓动　　　B. 宣布　　　C. 演讲　　　D. 转告

4. seller

A. 卖主　　　B. 单室　　　C. 细胞　　　D. 地窖

这样的设计便于测验多义词中的某些意义,还可以测出学生的知识是否巩固,不受其他词的干扰(如 spread 与 spray 和 spree 的区别,seller 与 cell 和 cellar 的区别),用机器评分的问题也解决了。不过请注意,一切需要用两种语言的题目都不能用于国际性测试。而且,有人反对脱离语境测试词汇,坚持把词放到句子中去测。

配对型词汇测试的另一种形式是给出一张图,让考生从所给定 4 个或 5 个选项中选择一个与图画所表示的意义最相近的词。这种题型适用于初级阶段的考生。如:

A. running
B. jumping
C. standing
D. kicking

有的配对型词汇题是把某个词的定义作为题干,然后给出几个单词,让考生选出被定义的词。如:

a person who receives and pays out money in a bank

A. broker　　　B. accountant

C. creditor　　　D. cashier

另一种形式是题干给出一个单词,在选择项中选它的定义、同义词、反义词、派生词、相关词、同范畴词和不同范畴词等等。
例如：

下定义： nap
          A. a brief sleep   B. a happy song
          C. a sharp rock   D. a short meeting

找出同义词：advocate
          A. support   B. advise
          C. contradict   D. damage

找出反义词：abstract
          A. professional   B. foreign
          C. risky   D. concrete

找出不同范畴的词：
          A. black   B. green
          C. red   D. hot

6.2.2 取代型词汇题

在取代型词汇题中，题干一般是一个或两个连续的句子。其中，有一个单词或短语加有底横线，要求从所给的选择项中选取可替代者。这种题型的指令通常是"选取意义与划线词语最接近的选择项"，或"选出最能取代划线词语而且使句子保持原义的选择项"。选择项往往是同义词。与上面的几种题型相比，这种题型的题干可以提供一定的语境。例如：

1. Einstein's theory of relativity seemed <u>incredible</u> when it was first introduced.
       A. unbelievable   B. unaccountable
       C. impressive   D. inconsistent

2. She <u>trembled</u> as she admitted what she had done.

    A. stumbled   B. shrank

    C. hesitated   D. shook

3. She was surrounded by doctors, lawyers, housewives—people, <u>in short</u>, like herself.

    A. in a word   B. on the contrary

    C. in particular   D. in the end

这种测试方式实际上等于多测量一个词。设计这种形式有一定的困难。第一,所谓同义词只能是部分同义,在句中的得体程度不完全相同。例如,tremble 与 shake 同义,但色彩有些不同。第二,有些词没有现成的同义词,只能在句中加以解释,这样有时会使句子变得不自然。

6.2.3 填空型词汇题

填空型词汇题是一种用得最多的题型。题干为一个或两个连续的句子。中间留有空当,一般给出四个选择项,要求考生从中选择一个词填入空当中。填空型词汇题和取代型词汇题一样,都提供了一定的语境,在句子语境中考词汇的意义。但前者把理解的重点放在整个句子上,而后者是放在个别词上。例如:

1. People convicted of murder in Britain are no longer _____ to death.

    A. sent   B. punished

    C. judged   D. sentenced

2. The fact that trade links were well developed at this time _____ some plausibility to his opinion.

    A. provides   B. supplies

C. lends   D. offers

3. The young men were _____ guilty of shoplifting.

   A. found   B. convicted

   C. accused   D. condemned

上面的几个例子属于典型的填空型词汇题。除此之外,还有其他形式的填空型词汇题。如:

Write the correct word from the following list at the side of each number on your answer sheet. Use each word once only.

forward   *remember*   *someone*   *though*   *bent*   *still*
dressed   *lifeless*   *dropping*   *scorn*   *welcomed*
handed   *took*   *mine*

Someone came ____1____ from the sea of faces, ____2____ tall and thin, ____3____ in black, with great dark eyes in a white face. When she ____4____ my hand, hers was cold and heavy, and lay in ____5____ like a lifeless thing. Her eyes never left mine. I can not ____6____ her words now, but I know she ____7____ me to Manderley, in a ____8____ little speech spoken in a voice as cold and ____9____ as her hand had been. When she had finished, she waited, as ____10____ for a reply, and I tried to say something, ____11____ my gloves in my confusion. She ____12____ to pick them up, and as she ____13____ them to me I saw a little smile of ____14____ on her lips.

有人认为,使用这种题型测词汇有不当之处。第一,填这样的空格与其说是测词汇,不如说是测语法或用法(如 dropping, dressed)。第二,各种词类和时态混在一起,实际上学生可以根据句子结构排除许多可能。第三,空格数与所给词数相同,最后一个空格等于没有干扰作用。因此建议最好在同一篇短文中测同一词类,这样可以少给学生提供暗示;而且,选择词要多于空格——有一部分属于干扰项。

以前我们提到,词汇与阅读有密切联系。因此,词汇测试常与阅读测试结合起来。下面的两道题都是词汇测试题,且与阅读理解相结合。但所用的办法略有不同。第一题提供了词义,第二题提供了字母数和部分字母。第三题干脆没有任何提示。

1. *Complete the following blanks. Words and phrases similar in meaning are given in the brackets.*

Language is, and should be, a living thing, constantly _____ (made richer) with new words and forms of expression. But here is a vital _____ (difference) between good developments, which add to language, _____ (make able) us to say things we could not say before, and bad developments, which _____ (take away) from language by rendering it less _____ (exact).

2. *Read through the following passage containing a number of incomplete words. Write each completed word on your answer sheet at the side of the appropriate number. (Each short line represents one letter)*

Why does the Western movies es _ _ _ _ _ _ _ have such a hold on our _ _ _ _ _ _ _ tion? Chiefly, I think, because it offers serious in _ _ _ _ _ _ into the problems of violence such as can be found

_ _ _ _ _ _ nowhere else in our culture. One of the well-known pec

_ _ _ _ _ _ _ _ _ of modern civilized opinion is its refusal to

ac _ _ _ _ _ _ _ _ _ the value of violence. The refusal is a

v _ _ _ _ _ , but like many virtues, it involves a certain willful

b _ _ _ _ _ _ _ _ and it encourages h _ _ _ _ _ _ _ _ .

3. *Fill each of the numbered blanks in the passage with one suitable word.*

Sugar was for a long time a luxury and in the opinion of the medical profession it still should be. During the nineteenth century, however, manufacturers discovered (1) _____ of producing it in vast quantities and it has since become (2) _____ of the staple articles of diet, particularly (3) _____ the lower social classes. It has the advantages of (4) _____ comparatively cheap, easily digested, rich (5) _____ energy and useful for flavouring. Its major (6) _____ are that it lacks every nourishing quality (7) _____ that of giving energy, and (8) _____ of its attractive flavour it (9) _____ to displace other much more valuable foods (10) _____ the diet. Most serious of all is its adverse (11) _____ on health, since excessive consumption can cause heart (12) _____, obesity and dental decay. The latter is widespread among the inhabitants of western countries. From the very young to the very old, (13) _____ anyone escapes. Yet if parents (14) _____ drastically reduce the (15) _____ of confectionery they allow (16) _____ children to eat, the extent of dental decay would soon be checked. And (17) _____

they were to (18) _____ down their own consumption of sugar,
they would suffer much (19) _____ from ailments resulting di-
rectly or indirectly from their (20) _____ overweight.

6.3 设计词汇测试题应注意的问题

词汇试题考的是词汇的用法。词的使用牵涉到三个方面的因
素:意义、搭配和语法。那么,在设计词汇题目时,是否应把语法作
为词汇试题的一个考点因素呢? 当然不可以。在词汇题里考语
法,不符合考试效度的要求。所以,在设计词汇题的干扰项时,要
尽量避免语法因素的干扰。

词汇题不能牵涉到语法因素,那么,惯用搭配是否属于词汇测
试的范围呢? 这要视情况而定。例如,我们可以说:I am consider-
ing going abroad,但不能说:I am considering to go abroad。这里,con-
sider 后面要接动名词,是受英语语法的制约。这种搭配不属于惯
用搭配。当然不属于词汇测试的范围。我们再看下例:

> Would you please _____ again the meaning of the last sen-
> tence?
> A. explain   B. show
> C. tell   D. inform

本题所给的四个选项,放到句子中去,意义上都讲得通。但除了答
案项 A 之外,其他几个选项放到句子中去都不合适,因为这几个动
词后面必须跟间接宾语 me 或 us。换句话说,选项 B、C 和 D 在惯
用搭配上不能和题干相容。一般而言,类似这样的题目则属于词
汇测试。因为考生不但要懂得意义,而且还要懂得搭配,才能把题
答对。

90

词汇测试应该把测试的重点放在对词义的考查上。因此,在设计词汇测试题目时,要充分利用意义因素作为测试点的干扰项。请看下面两个例子:

1. Mildred Helen Mcafee, an educator, was president of Wellesley College from 1936 to 1949.
   A. an attorney　　　　　B. a librarian
   C. a researcher　　　　　D. a teacher
2. Lasers are often the preferred tools of surgeons in the modern operating room.
   A. sole　　　　　　　　B. best
   C. favored　　　　　　　D. required

在上面的两个例子中,把每道题的每个选项放到句子中去,句子无论从语法、搭配还是意义上都是通的。但是考生只有真正理解划线词在本句中的意思,才能100%地答对该题。这样的题目,测试点高度集中在要考的词义上。

上面的两个例子是指取代型试题而言。对于填空型试题,如果语法、搭配及意义上都讲得通,就不行了。例如:

The hungry young man ＿＿＿＿＿＿ his food without chewing.
A. enjoyed　　　　　　　B. tasted
C. cooked　　　　　　　　D. swallowed

在这道题中,选项A、B、C放到句子中去,无论是从语法上还是搭配上都讲得过去,但根据句子的意义,只有选项D放进去意义上才讲得通,所以只有选项D才是正确答案。由此可见,与取代型词汇试题相比,填空型词汇试题测试的重点更多地放在了语境上,而不完全放在单词上。这一点命题人员要特别注意,弄不好往往会造成两个答案或多个答案。

以上我们从语法、搭配及词义几个方面讨论了设计词汇测试题目时应注意的几点。有关题目设计的其他技术性方面的问题，我们在第四章已做详细介绍，在此不再重复了。

第七章 如何设计语法测试

　　语法,简言之,语言的法则。既然是语言的法则,语言测试中就少不了对考生语法知识的测量。因此,语法测试一直是语言测试的"保留节目"。尤其是在科学前语言测试阶段,衡量一个人的语言能力的高低,除了看其语音、词汇知识掌握情况之外,更主要的是看其语法知识掌握得怎么样。然而,随着对语言认识的深入,人们发现语法知识掌握得再好,并不能说明一个人语言运用能力就高。所以,近些年来,在一些水平测试中,出现了淡化测试语法知识的倾向。有的语言水平测试中干脆就没有测试语法的项目。

　　我们认为,在大规模的水平测试,尤其是中级或中级以下的水平测试中,还不能完全取消对语法知识的测量。因为从测试的内容效度来考虑,包括一些语法项目,至少可以提高语言测试的内容效度。在成绩测试及诊断性测试中更应包括一定量的语法测试项目。在较高级的外语水平测试中,由于考生语法已完全过关,可把重点放在运用上。目前,在外语教学领域,人们更加强调交际教学原则。然而,只讲交际,忽略语法知识教学的倾向是错误的。

7.1 两种不同的语法观

　　讲到语法测试,有人或许会问:语法测试应该包括哪些内容?怎样才算合乎语法?

　　上面提到,语法就是指语言的法则。它反映的是语言的结构方式及组织规律。从广义上来说,语法包括词法(morphology)和句法(syntax)两个部分,所涉及的是词的构成和变化,还有词组和句子的组织。

在谈到怎样才算合乎语法时,我们必须弄清这两种语法观,一种是规定性语法(prescriptive grammar),另一种是描述性语法(descriptive grammar)。所谓规定性语法,指语法所依据的是语法家的观点,是他们制订的规则。这些规则反映了他们所认为的正确的或者是最好的表达方法。然而,语法家制订的规则同语言的实际使用并不完全一致,有时,语法家认为不合语法的句子或表达方法,受过教育的以英语为母语的人却经常使用。规定性语法也可以理解为我们通常所说的传统语法。传统语法对我国的外语教学产生过深刻的影响。教学中死抠语法规则的现象是屡见不鲜的。

描述性语法则指一种新的语法观。它的建立,不依据人为规定的规则,而是依据观察到的惯用法(usage)。也就是说,说母语的人实际上怎样使用语言,我们就应该怎样对待语言,而不是人为地规定他们应该怎样使用语言。例如,按照规定性语法家的观点,下面的句子是不合乎语法的;但是,按照描述性语法学家的观点,这些句子则是合乎语法的,因为很多以英语为母语的人就是这样说的:

If I was you, I would go.
I don't know nothing. (= I don't know anything.)

作为语言测试工作者,应该如何看待这个问题呢? 我们认为,考虑到中国英语教学的实际情况,命题时还是依据传统语法为好,因为在我国多数的教科书是按传统语法编写的,多数的英语教师也是按照传统语法来教的。所以说,上面的例子最好不要出现在测试题中,以免引起争议。

7.2 语法项目的确定和分配

以上我们谈到语法包括词法和句法两大部分,每一部分又可分出很多细的类别。可以这样讲,英语语法知识包罗万象,是不是一次测试中要把所有这些知识都考个遍呢?当然不是这样。语言测试中考哪些语法点,设计多少个项目要根据测试的性质来定。对于成绩测试而言,一般是教了什么就测什么。对于水平测试而言,则要根据实际任务的需要来确定测试项目。但是,为了做到胸中有数,命题前,一般先设计一个语法测试内容的细目表,然后再照表"配料"。表 7.1 是常见的教学和测试项目。

如何决定这些项目中的哪些项目出现在试卷中,哪些不必出现?这里有几种考虑。如果是成绩测试,就要考虑什么已经学过,什么还没有学过;什么在大纲之内,什么在大纲之外。如果是水平测试,要估计一下是高级阶段的,还是初级、中级阶段的。阶段不同,难易不同,选择的项目也不同。在判断项目的难易时,一方面要有一定的客观标准,另一方面也要顾及主观因素。高级阶段的水平测试,可用从题库中随机拼题的方式,排除主观因素。

表 7.1 语法测试内容细目表

	测试内容		测试内容
词 法	名词	句 法	主谓一致
	代词		动词句型
	冠词		比较句型
	数词		It 句型
	形容词、副词		词序
	动词的各种时态		疑问句
	动词的被动语态		主语从句
	非谓语动词		宾语从句
	动词的虚拟语气		定语从句
	助动词与情态动词		状语从句
	连词		陈述句与疑问句
	介词、小品词		肯定句与否定句
	短语动词		其他
	固定搭配		
	其他		

7.3 语法测试的题型

语法测试常见的题型有：多项选择（multiple-choice items）、识别错误（error-recognition items）、填空（completion items）、句型转换（transformation items）及配对（paring and matching items）等。下面我们通过实例一一地来介绍。

7.3.1 多项选择题

多项选择是语法测试中最常用的一种题型。测试语法时，一般采用填充式多项选择题。题干往往是一个或两个句子。有关多项选择题的命题要求，我们在第四章已经讨论过了，这里不再赘述。除了这种典型的多项选择题之外，有人主张采用短文的方式来测试语法，认为用短文比用句子可以提供足够的语境（Heaton，1990）。

A long way from home

A 72-year-old Samoan who (1) _____ no English at all spent thirteen days (2) _____ on buses in the San Francisco area after he had become separated (3) _____ his family, police said. (4) _____ said that Faaitua Logo, (5) _____ moved to the United States two years ago, left his son and daughter-in-law (6) _____ a few minutes in a market in San Jose (7) _____ something at a nearby stall. When he tried to return to them, he could not remember where they (8) _____ for him. (9) _____ first, he began to walk to

96

their home in Palo Alto, 20 kilometres (10) _____, but later
he (11) _____ on a bus. He changed from bus to bus (12)
_____ the daytime and slept under bushes and trees, police
said.

(1) A. is speaking   B. speaks
       C. has spoken   D. was speaking

(2) A. to ride   B. was riding
       C. ride   D. riding

(3) A. With   B. from
       C. by   D. off

(4) A. He   B. They
       C. One   D. It

(5) A. which   B. that
       C. who   D. what

(6) A. in   B. for
       C. since   D. at

(7) A. to buy   B. for buying
       C. and buy   D. buying

(8) A. waited   B. were waiting
       C. have waited   D. wait

(9) A. For   B. On
       C. In   D. At

(10) A. far   B. from
       C. near   D. away

(11) A. would jump   B. jumped
       C. has jumped   D. would have jumped

(12) A. on   B. at
       C. for   D. during

7.3.2 识别错误

这种题型就是先设计一个有语法错误的句子,然后标出 4 个可能有错的地方,让考生识别哪一部分有错误。错误部分可以属于词法或句法中的任何一项。3 个被标为正确部分就是干扰项,所以应该符合干扰项的要求(见第四章)。不过,设计这种干扰项比设计多项选择中的干扰项要困难得多。因为句子形式已定,有时很难找出一个学生容易犯错误的地方。下面先看两个例子:

1. My elder brother is too young that he cannot be admitted to a
      A   B   B   D
   university.

2. The letter I posted it a few weeks ago has not yet reached my
     A   B   C   D
   mother.

通过增加句子的长度和难度,同时设计些细微的错误,则可增加测试的难度。例如:

1. The reason Michael has made such great progress is because
     A   B   C
   he has never wasted his time.
         D

2. The problem resulted from pollution require the immediate at-
         A   B
   tention by government leaders as well as scientists and envi-
        C   D
   ronmentalists.

98

识别错误是一种比较灵活可靠的测试形式,并可用机器评分,所以美国"托福"测试和我国的研究生英语入学考试,出国人员英语水平考试中都采用了这种题型。

7.3.3 填空题

语法测试的第三种题型叫填空题(或完成句子)。同多项选择及识别错误题型相比,这种题型测量学生的产出性技能(productive skill),而不是接受性技能(receptive skill);该题型也比较容易设计,信度和效度都有保证。空出来的词多为语法词或功能词,测验动词的时和体时常采用它,惟一不足是不能采用机器评分。课堂测试中经常有这种题目。如:

*Fill in the blanks with **a** or **an**. If you think that no word should be placed in the blank, put a cross(×)there.*

1. If you have _____ cold, do you go to _____ doctor or go to _____ work as usual?
2. If you want to learn _____ language, is it better go to _____ school or use _____ dictionary?

同样,如果采用短文而不是单句来让学生完成句子,学生就可以根据上下文的线索来猜测正确答案。这时,学生一般要通读一遍短文才来完成句子,这种方式比采用单句式的语法测试或练习更有意义。试比较:

*Fill in the blanks with **a** or **an**. If you think that no word should be placed in the blank, put a cross(×)there.*

As _____ writer, I seem to spend _____ most of _____ time working in my office at _____ home, sitting alone in front of _____ computer. In tact, _____ only people I see regularly are _____ members of my family when they get home from _____ work or _____ school. Otherwise, I don't have much contact with _____ people, and I'm sorry that I haven't kept in _____ touch with _____ friends I made at _____ college. I often get _____ letters and _____ phone calls from _____ people at _____ publisher's, though, and I try to get out of _____ house at least once _____ day. From _____ time to time I give _____ lectures or teach _____ courses at _____ conferences in _____ North America or abroad. But if I ever run out of _____ ideas or I start suffering from _____ loneliness, I'll give up _____ writing books. Then maybe I'll start _____ new career where I work with lots of _____ people and I can have _____ conversation whenever I feel like one!

与此类似的一种形式是提供一些词,让学生填入空格内。如:

Put in each blank one of the following words where necessary. If you think that no word should be placed in the blank, put a cross (×) there.

inside	*against*	*lines*	*things*	*bear*
never	*or*	*still*	*carry*	*that*

I tried to get up, but my legs were _____ of straw, they

100

would not _____ me. I stood leaning _____ a chair. My throat was very dry. After a minute Maxim came in. He stood just _____ the door.

He looked tired, _____ old. There were _____ at the corners of his mouth I had _____ noticed before.

"It's all over," he said.

I waited. _____ I could not speak _____ move towards him.

这种形式是很好的课堂测验,但要注意两点:一是提供的词应多于空格,否则最后一个空格等于没用。第二要保证多余的词(即干扰项)不能出现在任何空格上,否则有的空格就有两个答案,给评分带来麻烦。上例中的 carry 不符合要求,因为可以出现在第二个空格上,代替 bear。

7.3.4 句型转换

句型转换是一种很有用的教学手段和测试手段。它一方面能考查学生对各种句子结构的掌握,同时也能测到多项选择不易测到的语法知识。这种形式开始接近于写作测试,但更侧重语法结构,而不是侧重创造句子的能力。不过,句型转换不能用机器评分,因此更适合于课堂测试。尽管如此,剑桥英语水平测试坚持包括几项句型转换,可见它是比较可靠的测试项目。下面是剑桥水平测试练习中的几个例子:

Finish each of the following sentences in such a way that it is as similar as possible in meaning to the sentence printed before it.

1. The rail workers do not intend to call off their strike.

The rail workers have no _____

2. I haven't read that book for ages.

　　It's _____

3. It was the goalkeeper who saved the match for us.

　　If it hadn't _____

4. I wasn't a bit surprised to hear that Karen had changed her job.

　　It came _____

5. You can try to get Tim to lend you his car but you won't succeed.

　　There's no point _____

6. John didn't celebrate until he received the offer of promotion in writing.

　　Not until _____

7. I don't really like her, even though I admire her achievements.

　　Much _____

8. It's thought that the accident was caused by human error.

　　The accident is _____

　　这种题目并不容易设计,一不小心也会出现多种可接受的答案。拿第二题来说,应该回答下面第一句,但其他两句也是可以接受的:

　　It's ages since I read the book.

　　It's ages since I read the book last.

　　It's a long time now since I read the book.

再举一个例子:

　　I don't think it's necessary for you to do it all over again.

　　I don't think you _____

102

应答:I don't think you need do it all over again. 但如果考生这样写也是可以接受的:I don't think you will find it necessary to do it all over again。

7.3.5 配对题

配对题常用于考会话的题目中。出题方式是给出问句,答句次序打乱,让考生根据问句来选答句。这种形式与其说是考语法,倒不如说是考对语言得体性的敏感程度(sensitivity)及考生对语言功能的意识(awareness)。请看下例:

Column 1	Letter	Column 2
Going to see a film tonight?	..F..	A. No, I didn't.
How was the film?	.....	B. Most are, I think.
I can't stand war films, can you?	.....	C. It's one of the reasons.
So you went to the cinema.	......	D. I had a lot of work to do.
Don't you find war films too violent?	.....	E. Actually, I quite like them.
Have you ever seen a Japanese war film?	.....	F. Yes, I probably will.
I like war films.	......	G. No, I haven't.
Is everyone going to see the film?	.....	H. What a good idea! I prefer them to war films.
What about going to see a cowboy film instead?	.....	I. So do I.
Why didn't you come with us to see the film?	.....	J. All right. Nothing special.
Is that why you don't like war films?	.....	K. Not really. I quite like them.

(Heaton, 1990)

103

除了上面给大家介绍的几种题型外,在课堂练习及测验中还会经常用到连接句子(combination items)这种形式。例如:

Combine each pair of sentences to make one longer sentence.

1. There was fog at the airport. This had caused all flights to be delayed.

    All flights were delayed because of fog at the airport.

    or:

    All flights were delayed because there was fog at the airport.

2. Amy and Paul were waiting for the same flight. As a result they started talking.

3. She was feeling very hungry. The reason was that she hadn't had any breakfast.

4. He offered her a sandwich. She was so hungry that she accepted the offer.

第八章 如何设计阅读理解测试

人们通常把语言学习分为听、说、读、写四种技能。其中阅读是学生获取语言知识，培养语言能力最直接、最有效的方法。老师们常说，学好外语，没有什么诀窍，主要是多读多练。这里首先强调的是要多读多看，换句话说，只有经过大量的语言（符号）刺激，才有语感而言。特别是学习一种外语，国内听说环境较差，阅读是主要的信息来源。因此，阅读能力成为衡量一个人语言能力高低的一种非常重要的指标。在国内外各种语言测试中，阅读理解都占有相当大的比重，在有些测试中，阅读理解占到总分的 40％ 以上。由此我们也可以看到阅读理解的重要性。鉴于此，设计好阅读理解题是保证测试成功的一个很重要的方面。在本章中，我们将向大家介绍如何设计阅读理解题。

8.1 阅读及阅读能力

阅读理解测试的目的是测量学生阅读能力。作为测试工作者，命题前我们自己必须要了解阅读能力到底指的是什么？包括哪些方面？只有这样，命题时才能做到胸中有数。

首先，我们看一下什么是阅读，阅读是一个什么样的过程。大家都知道，阅读是读者与书面文字进行交流的过程，从最小的语素到最大的段落、篇章。这个过程是一个非常隐蔽的、个体化的行为过程。一个阅读者在阅读时，旁边的人很难知道他在读什么，他读懂了没有，他读懂了多少。这个过程的成功与否，完全取决于阅读者是否能运用各种阅读技巧来顺利地完成所从事的阅读任务。实验研究证明,阅读决不仅仅是一个目光从左到右或从上到下对文字进行物理扫描的过程,而是一个复杂的心理和物理多种因素相互作用的过程。虽然目前人们对阅读理解过程的研究还没有取得完全一致的意见,但总的来说,阅读被认为是一种阅读者与篇章之间发生的选择性过程。在这一过程中,读者的背景知识及各种语言知识与篇章中的信息相互交流,最后取得对篇章的理解。

那么,什么是阅读能力呢? 关于这个问题目前存在着两种截然不同的观点。一种观点认为阅读能力是一种不可分的综合能力;另一种观点则认为阅读能力是由大小不同、层次不一的能力组合而成,这些能力不仅可以教与学,而且也可以被一一测试。这两种观点各有其理由,并有一定的实验结果为依据。但就目前大多数语言测试而言,人们倾向于把阅读能力看成是一个由众多不同类型、不同层次的小能力或次能力组合而成的概念。阅读理解测试实际上就是测试这些众多的小能力或次能力。关于阅读能力的构成,不同的教学和测试专家所列出的阅读能力表也不同。但这些表大同小异,基本上都把阅读能力分为高层能力和低层能力两部分。高层能力主要包括:

1. 掌握所读材料的主旨和大意;
2. 了解阐述主旨的事实和细节;
3. 根据上下文判断某些词汇和短语的意义;
4. 理解上下文的逻辑关系;
5. 根据所读材料进行一定的判断、推论;
6. 领会作者的观点、意图和态度。

低层能力指对更具体的语言能力的掌握,包括:

1. 理解各种语法概念,如原因、结果、目的、比较等;

2. 理解主从句的句法结构；

3. 理解句段的标志；

4. 理解词汇和/或语法的连贯关系；

5. 理解词汇的意义。

可以看出，低层能力是保证阅读理解得以顺利进行的基础，有学者称之为"门槛"（threshold）（Alderson，1984）。不具备这些低层能力，也就无阅读理解而言。阅读理解测试中，人们一般把测试的着眼点放在对考生高层能力的测量上。

8.2 阅读测试的选材

上面所说的这些阅读能力，实际上就是命题时的测试点。但在着手写题前，一个很重要的工作就是选材。命过题的老师都有这样的经验，如果选择的阅读材料不恰当，命题时要么找不到合适的信息点，要么难易度不合适，结果只好放弃重来。所以，在选择阅读材料时，我们要注意以下几点：

第一，阅读材料的量要合适。所谓量，就是指阅读材料的长度。低于 100 字的材料太短，问不出几个问题；长至数千字的材料则太耗答题时间。我们认为，作为阅读理解的材料应控制在 200 字至 500 字左右。中等以上的测试中 300 字左右最为理想。注意选材时还要看测试对象。对于初级学生而言，阅读材料一般简短一些，而对于中高级学员则稍长一些。观察美英两国的考试，我们发现美国考试中的阅读材料相对短一些，英国考试中的阅读材料相对长一些。

第二，阅读材料的类型要真实多样。所谓真实，就是指受试者在实际学习和工作中经常碰到哪些阅读材料，考试时就应该提供类似的材料。比如说，剑桥大学在我国推行的商务英语证书考试

（Business English Certificate），考生对象为目前打算或正在从事商务活动的人士，该考试的所有材料均与商务活动有关，如广告、通知、便条、商务信函、会议纪要等等。这样的材料就具有很高的真实性，因而可以提高考试的效度。让这些考生去阅读一些纯文学性的阅读材料，显然不合适，这样的材料就缺乏真实性，无法保证测试的效度。

除了真实性之外，阅读测试用的材料还要具有多样性。因为人们平时阅读时碰到的材料会多种多样，不能千篇一律都是故事，或都是新闻报道，或都是广告。阅读材料的真实性和多样性，是设计阅读理解测试的一条基本原则。

第三，对阅读材料的语言和词汇的难度有明确要求。从语言的角度来说，首先难易度要合适。而对语言材料难易的把握，主要靠命题人的主观判断。一般而言，词汇是决定阅读材料难易度的一个重要指标。国内目前几个大规模的英语考试对词汇的掌握都提出了明确的要求，选材时，短文中的生词一般不超过短文字数的2%。对于超出考生实际水平的复杂的句子结构也要作一定的修改，但这种改写必须严格控制，改得太多，就失去了原有材料的语言和文体的真实性。还以上面提到的商务英语证书考试为例，材料的真实性首先要求内容必须是商务方面的，其次是材料的语言和文体确实属于那种商务语言和文体，用作考试的材料不能为了追求"规范"而改得不像商务英语的语言和文体，否则就会"失真"了。

第四，阅读材料的内容要有新意。阅读测试最忌讳老生常谈的材料。有些故事考生已十分熟悉，不用再读任何东西，也能回答问题。再说，平时人们阅读往往是带着兴趣去读的，所选的材料如果没有新意，就无法引起考生的兴趣，也就无法考核他的阅读能力。但不要为了追求新意而走极端，也就是说，选材时内容不要太偏或太专。材料太偏或太专了往往会使题目产生偏颇性（bias），影响测试的效度。

第五,阅读材料里的信息点要充分。信息点不充分,命题人员不好出题,这时有可能凑题目。可想而知,凑出来的题目肯定不好。所以说,选材时要尽量找那些信息密度高的材料。

第六,阅读材料的内容要新颖健康,避免引起政治、民族、宗教、地区、性别等纠纷。这一点在大规模外语考试中尤其重要。此外,对于初级的学生,所选材料最好有一定的趣味性,趣味性强的材料一方面可以吸引学生的注意力,同时也可以减轻考生的焦虑心情。

8.3 阅读测试的题型

测试阅读能力,出题的方式有很多。常用的有正误判断(true/false test)、完成句子(complete items)、简答题(short-answer question)、组句成段、多项选择、完形填空等,其中用得最多是多项选择题。

8.3.1 正误判断题

正误判断题,就是给学生一个句子,让他们判断其意义是正确的还是错误的。如:

Put a circle round the letter T if the statement is true. If not put a circle round the letter F.

1. The sun rises in the west.   T   F
2. Fish can't fly, but birds can.   T   F
3. Tianjin is as large as London.   T   F
4. When ice melts, it turns into water.   T   F

这种方法广泛用于课堂测验和成绩测验。其优点是设计容易,评分简单,也比较可靠。其缺点也很明显:因为只有两个选择项,有 50% 的猜测因素。所以,除非设计许多项目(比如 100 个),否则不能把学生较好地区分开来。当然,可以告诉学生,答对一个得两分,答错一个扣一分,以防止"胡猜"。不过,这种惩罚措施能否提高信度和区分度,还没有足够的证据。

正误判断有两种形式。一种是互不相干的独立的句子,一种是以短文为根据的句子。上面的四个例子都属于第一种,设计这种句子要注意三个问题。第一,因为这种句子是独立的,没有上下文,所以句子本身必须能够表达完整的事实或思想,像 He is respected by all his colleagues 就不行,因为所指不清楚,学生无法判断真假。第二,句子的内容要明显地符合或违背普遍承认的事实或看法,不能是有争议的、个别人的看法。像 The sun is bigger than the moon 和 Smoking is harmful to your health 是可用的。而 These days a person doesn't know whom he can count on 和 The greatest evil in the world today is the testing and making of nuclear weapons 就不太合适,因为不同人有不同的看法。第三,句子设计的知识必须是学生在母语中知道的,否则就不再是语言测试而是知识测试。对中学生来说,设计像 Thomas Paine was an American revolutionary poet and political theorist in the 18th century 这样的题就不合适,因为既使用汉语写出,学生也不知道对错。由于这三条的限制,独立句子的正误判断题目不容易设计得好。再说,单句阅读毕竟简单,考查不到根据上下文推理的能力。因此,大部分正误判断题目是根据所提供的信息而设计的。

提供信息的方法可以是照片或图画,也可以是一篇短文。如,请学生先看下面的这张图画,然后按照图画内容判断下列句子的对错:

1. The dog on the floor is asleep.
2. The baby is playing with the dog.
3. The baby has just broken a toy car.
4. The television set is on fire.
5. The dog is behind the baby.
6. The woman has taken the flowers out of the bowl.
7. One of the two boys is helping the woman.
8. The woman is going to pick up a book.
9. The two boys are listening to the radio.
10. The radio is on the table but the book is on the floor under the table.

(Heaton, 1990)

这种形式有很大缺点。第一,图的设计和绘制都是技术性很强的活,一般教师不能自己动手。第二,不论图画多么复杂,题目一般都很简单,因为只能提问看得到的东西。第三,阅读量很小,学生只需读几个问题。总之,这种形式的题目只适于测验初学者。

用短文提供信息就不同了：阅读量大大增加，而且阅读重点在短文本身。短文可难可易，适于各种水平。下面是一段比较难的：

Eye-gazing and eye-avoidance have meanings and patterns of profound significance. Gazing at others' eyes generally signals a request for information and perhaps affection, but embarrassment can result from too long a mutual gaze. In fact, in intimate situations there seems to be an equilibrium involving proximity, eye contact, intimacy of topic, and smiling. If one component is changed, the others tend to change in the opposite direction.

According to the passage, three of the following statements are true and three are false. Put a tick (√) in the box after each true statement and a cross (×) in the box after each false statement:

1. Looking at someone else's eyes or looking away from them means a person is thinking very deeply. □
2. We generally look towards another person's eyes when we want information from that person or even a sign of affection. □
3. If two people look too long at each other's eyes, they will usually become embarrassed. □
4. When engaged in a very friendly conversation, a couple will probably look less at each other's eyes the more they smile and the closer they sit. □
5. Looking for a long time towards the other person's eyes is only a means of continuing a conversation smoothly. □
6. When two people gaze for a long time at each other's eyes, it is a sign that they are going to argue. □

112

短文才有 66 个词,但可以提出 6 个问题。要答对这 6 个题,需要读懂不少东西。如果对最后两句没有深刻的理解,就不能正确判断第 4 题。

8.3.2 完成句子

这种题型是给考生提供一个不完整的句子,让考生根据所读的内容来把这个句子补全,填到句子中去的可能是一个词或几个词,该题型的好处是由于答案设计得很死,可以保证评分客观。请看下面的例子:

256 Weeton Road,
2nd Floor,
Hong Kong.
7th June, 1988.

Dear David,

I am very sorry that I could not meet you last night. I hope that you did not wait too long outside the New York Theatre. I had to look after my small brother until my mother returned home. She was a long time at the doctor's and she arrived home very late. I ran all the way to the bus stop, but I had already missed the bus. I decided to get on a tram and I arrived at the New York Theatre at eight o'clock. I did not think that you would still be there because I was three-quarters of an hour late. I do hope that you will forgive me.

Your friend,
Peter

Write one word or more in each blank.

1. Peter lives at _____

2. He wrote the letter on _____

3. Peter could not leave home because he had to wait for _____ _____ to return.

4. His mother had been to the _____

5. Peter went to the New York Theatre by _____

6. He thought that David _____

7. The word _____ means *excuse.*

8. Peter had arranged to meet David at _____ seven on June _____

8.3.3 简答题

简答题是测试阅读能力的一种常用的方法。与完成句子不同的是,简答题有时要求考生写一两个完整的句子。这种测试方式比较自然,因此效度较高。但由于涉及到书面表达,评分时难以保证客观,从而影响测试的信度。美国的大规模英语考试中基本不用此题型,而英国考试中则喜欢使用它。我们大学英语四级考试近年来也采用了该题型。据说它可以真实地反映考生对原文理解的情况,因为它能排除作弊和猜测的因素。请看下例:

Botany, the study of plants, occupies a peculiar position in the history of human knowledge. For many thousands of years it was the one field of awareness about which humans had anything more than the vaguest of insights. It is impossible to know today just what our Stone Age ancestors knew about plants but from what we can observe of pre-industrial societies that still exist, a detailed learning of plants and their properties must be extremely ancient. This is logical. Plants are

114

the basis of the food pyramid for all living things, even for other plants. They have always been enormously important to the welfare of peoples, not only for food, but also for clothing, weapons, tools, dyes, medicines, shelter, and a great many other purposes. Tribes living today in the jungles of the Amazon recognize literally hundreds of plants and know many properties of each. To them botany, as such, has, no name and is probably not even recognized as a special branch of "knowledge" at all.

Unfortunately, the more industrialized we become the farther away we move from direct contact with plants, and the less distinct our knowledge of botany grows. Yet everyone comes unconsciously on an a-mazing amount of botanical knowledge, and few people will fail to recognize a rose, an apple, or an orchid. When our Neolithic ancestors, living in the Middle East about 10000 years ago, discovered that certain grasses could be harvested and their seeds planted for richer yields the next season, the first great step in a new association of plants and humans was taken. Grains were discovered and from them flowed the marvel of agriculture: cultivated crops. From then on, humans would increasingly take their living from the controlled production of a few plants, rather than getting a little here and a little there from many varieties that grew wild—and the accumulated knowledge of tens of thousands of years of experience and intimacy with plants in the wild would begin to fade away.

1. What assumption or guess about early humans is expressed in the passage?

_____

2. What does the comment "This is logical" in line 8 mean?

_____

115

3. According to the passage, why has general knowledge of botany begun to fade or disappear?

   _____

4. What is the author's purpose in mentioning "a rose, an apple, or an orchid"?

   _____

5. According to the passage, what was the first great step toward the practice of agriculture?

   _____

8.3.4 组句成段

组句成段就是把一些合乎逻辑的句子的正常顺序打乱,让考生重新排列句子的顺序。这种题型特别有利于考查考生的逻辑思维能力。建议在设计这种题目时,要给出考生"引子",即头两句的顺序是正确的,其他句子的顺序是错误的,因为如果考生头两句回答不对,后面很可能一错再错。组句成段又分两种形式,一种是只给出句子,让考生把句子重新排列成段。例如:

A. In an experiment designed to study the effect of majority opinion, small groups of subjects observed a standard straight line, and then judged which of three other lines equated its length.

B. One of the other lines was longer, one shorter, one equal to the standard; the differences were great enough that they could be told easily.

C. All but one member of each group had been instructed to agree upon a wrong answer for a majority of the traits.

D. The experimental subject was thus put against a majority, and the subject's problem was whether to disagree with the majority, or to doubt his or her own judgement and agree.

E. With the opposition of only one other person there was very little yielding; with two against one the amount of yielding became pronounced; and a majority or three was nearly as effective as larger majorities against the only one who disagreed.

F. But a rather large number of them yielded under pressure from the others' apparent judgements.

G. The amount of yielding depended on the clarity of conditions (lack of clarity led to their following majority opinion), individual differences, and the size of the opposition.

H. Many subjects refused to change and continued to hold to their independent ideas.

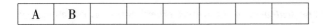

组句成段的另一种形式是让考生读完短文后再根据短文的内容来排列句子。例如：

When a customer walks into a travel agency to make a booking, the clerk behind the counter turns immediately to the small computer unit on the desk. The unit looks like a synthesis of a television set and a typewriter.

The customer states the date and destination of the flight required, and the clerk types this information on the keyboard. As each key is pressed, a letter is formed on the screen of the unit. The clerk then checks the information on the screen before transmitting the data to a central computer. This computer contains all the information about current bookings and destinations, and rapidly establishes whether the new booking is possible. The computer immediately sends a reply, indicating the number of vacancies on the flight requested or showing that the flight is fully booked. While these figures are being displayed on the screen, they may change to indicate that another booking has been made in another part of the world.

The clerk now types in the customer's reservation, after which the computer will request his or her name and address and then other information. This information, including an indication of how the ticket will be purchased (cash or credit card), is then typed onto the screen. Next the computer confirms the booking and requests that payment be made. When the customer has paid for the ticket, the clerk types this information into the computer as well. Finally, if modern equipment is being used, it is possible for the computer to print out a ticket on the spot.

Now put these sentences in the correct order. Write only the letter of each sentence in each box. (Three boxes have been completed for you.)

A . Details about the seats available are sent back.
B . The computer then wants to be informed about the method of payment.
C . The tickets are issued.
D . The computer asks for personal details.
E . The customer makes his or her request to the travel agent.
F . The request is sent to the main computer.
G . The customer goes to a travel agent.
H . The computer requests payment.
I . The travel agent feeds the initial request into a small computer unit.

J . The booking is typed into the computer.

K . The booking is confirmed.

G		F		J				

8.3.5 多项选择题

多项选择恐怕是测试阅读能力用得最多的一种题型了。原因有很多。第一,多项选择题阅卷客观,便于用机器阅卷评分。尤其是在大规模考试中,采用机器阅卷既客观又经济,速度又快。第二,有限时间内可以设计多个题目让考生去选择,试卷中容纳更多的题目对提高测试的信度很有帮助。但这种题型同样也有明显的缺点:第一,无法排除猜测因素;第二,宜于作弊;第三,选项不易设计。

测验阅读能力的多项选择可分三种形式。第一种是学生阅读测验单句。这与前面讨论的词汇和语法极为相似,不过重点应该在理解上,而不是在词义或语法上。先看一个简单的例子:

John is not as tall as Miss Green but he's a little taller than Bill.

A. Miss Green is taller than John and Bill.

B. John is not as tall as Bill.

C. Miss Green is taller than John but not as tall as Bill.

D. Bill is taller than John and Miss Green.

显然,用单句的形式所测的阅读量十分有限,也考查不到通过上下文推理的能力,因此多用于初学者。假如使用单句测验水平较高的学生,选择项就要设计得很难,而这项工作是很吃力的。请看托福测试中两个单句是如何设计的：

For each of these questions, choose the answer that is closest in meaning to the original sentence. Note that several other choices may be actually correct, but you should choose the one that is the closest restatement of the given sentence.

1. Parents have become increasingly concerned about the television viewing habit of their children—so much so that families are beginning to censor the programs that enter their homes.

   A. Families watch television together more often now than in the past so that they can decide whether shows are desirable or not.

   B. Families with televisions are not as close as families without televisions because the former bicker more over program choices.

   C. Although parents worry about the programs that children watch, they find it very difficult because censorship is not what it used to be.

   D. Because of their concern over the television programs that are aired, many parents are deciding which programs they will allow their children to watch.

2. Children reared in poverty tend, on the average, to do poorly on tests of intelligence.

   A. Impoverished children are generally not as intelligent as rich children.

   B. Behind the poverty trend is an assumption that children are stupid.

C. Children from poor families have a tendency to fare badly on intelligence test.

D. Intelligence tests are poorly administered to poor children.

这两题的总趋势是：选择项比题干更难。这样学生需要认真阅读的不仅仅是题干，而且包括选择项的全部文字。

不难设想，题干若长些，比如一小段，设计选择项的余地就大一些。因此，第二种多项选择形式是找一段三五句的短文，设计一两个题目。如：

Two thousand years ago a rich and powerful country cut down its trees to build warships, with which to gain itself empire. It gained the empire but, without its trees, its soil became hard and poor. When the empire fell to pieces, the home country found itself faced by floods and starvation.

1. The country made great preparations _____.

A. to defend itself

B. to set off on a long journey

C. to conquer other countries

D. to do business with other countries.

2. The forest became wasted land because _____.

A. people left it alone

B. the trees had been cut down

C. one battle after another was fought there

D. people suffered floods and starvation

我们用这个简单例子讲一下语言能力与基本常识的关系。要答对这两道题，学生必须知道建立帝国就要征服别的国家，要能够把"树"与"森"联系起来，要能够进行这种推理：把树砍掉，土地就

121

变得坚硬,贫瘠,成为荒漠;荒漠又与水灾和饥荒联系起来。这点知识虽然简单,但并不来自于短文本身;这些事情的内在联系必须存在于学生的头脑之中。这样分析一下是为了强调语言与常识的关系。语言是信息的载体;所载的信息从来就是有选择的,句子越深刻,筛选去的信息越多,语言材料越难,预设读者掌握的知识越多,推理能力越强。反过来讲,语言水平越高,还原或利用筛去信息的能力就越大。所以文章中筛去的信息越多,学生答对之后就越说明他的语言水平高。这也是为什么阅读测试比较可靠的原因。

第三种形式是选一两段较长的文章,设计 5—10 个题目。这种做法的优点是阅读量大些,可考查不同方面的知识。但不能说文章长就一定比文章短好。各有所长,各有所用。文章长能考查学生的短期记忆能力和综合分析能力。文章短则可以多选几段,能包括不同内容、不同文体的文章。前面我们已经提到,托福测试中的阅读文章就比较短,但包括好几个方面,文体也有变化。英国的水平测试中的阅读文章最长(有的达 600 词),往往一长一短。下面是剑桥水平测试的例子:

The outcome of deceit and the proof of gullibility, fakes are a-mong the least loved and most elusive products of the market in relics of the past. Maker and buyer are generally united in a conspiracy of silence, the one to escape the penalties of wrong doing, the other to preserve his own reputation, and that of the market as a whole. Occasionally fakes are caught in a brief blaze of infamy, but even then they generally disappear, hastily disposed of by the collector, dealer or curator caught in possession. For this reason it tends to be the museums and galleries that do not practise disposal which have the best collections of fakes.

The general invisibility of fakes is regrettable, for, if immoral and

122

embarrassing, fakes are also entertaining and informative. The product of endlessly varied ingenuity, they reach the heights of imagination and technical virtuosity as well as the depths of deceit. It is their very deceptiveness which makes fakes more than merely entertaining. Artists or craftsmen who copy the work of the past inevitably put something of themselves into the copy, because they see what they are copying with the eyes of their time. But they may also, quite deliberately, introduce variations of the given theme which accord with their own creative impulse. Fakes, by their nature, demand the sacrifice of individualism. Successful fakers have, so far as possible, to think themselves into the persona of the original maker. So their work is the most accurate possible representation of their view of the past and, if successful, of the view of those who are taken in by it. Any distortions that later become apparent represent in essential form the shift in perception between their day and ours.

A second advantage of fakes, particularly of art and antiques, is that they tend to be the product of pure greed, untainted by the quirks of individual creativity. As such they respond to the demands of the market more accurately, quickly and sensitively than the works of a creative artist. The successful fake represents exactly what collectors wanted, so well in fact that many fakes have enjoyed more popular success than the real thing—they are in a sense the perfect illustrations to a history of taste.

Thirdly, fakes, by their nature, are produced and marketed in a climate of luxury. Both maker and dealer work to ensure that their products pass every obvious test. And so fakes provide an excellent guide to what each generation regarded as the essential hallmarks of authenticity—one seeks unblemished perfection, the next may be convinced by extensive signs of wear and tear, while the next again may be

123

more concerned with documentary provenance or scientific tests than with close examination of the object itself.

But fakes are more than material evidence for the study of changing attitudes. They are also deeply subversive objects which raise difficult questions about conflicting notions of authenticity, the reality of our relationship with the past and the reliability of aesthetic judgements.

1. According to the passage, who is most likely to retain a fake once it has been discovered?
    A. An art dealer.
    B. A museum curator.
    C. A private collector.
    D. A creative artist.
2. Why is the discovery of fakes embarrassing?
    A. The public has been given false information.
    B. Fakes provide examples of faulty workmanship.
    C. Fakes demonstrate that someone's judgement has been poor.
    D. A lot of money has been paid for an item that is not genuine.
3. What makes a fake informative?
    A. It shows the assumptions current at a particular time.
    B. It provides an example of creativity and ingenuity.
    C. It demonstrates the skills of the faker.
    D. It shows how the original artist worked.
4. According to the article, what is the usual reason for the creation of fakes?
    A. To fill a gap in the market.
    B. To deceive the experts.
    C. To make as much money as possible.

D. To prove it can be done.

5. How have fakes reflected changing attitudes over the years?

A. Different types of objects have been faked at different times.

B. People's views about what is authentic have varied.

C. People have accepted different amounts of documentation.

D. Some generations have been more critical than others.

8.4 阅读试题的设计原则

众所周知,人们读书、看报、看文章,主要目的是为了获取信息。信息分主信息和辅助信息。主信息指文章的主旨。抓住了主信息,就等于抓住了文章的核心或主题。辅助信息是一些阐明主信息的辅助性事实或观点(supporting facts or ideas)。阅读时,有时不仅要抓住主信息,还要了解辅助信息。因此,设计阅读测试的考点时一定要以信息为目标,围绕信息设计考点。

写题的第二条原则是,设计考点时必须以短文的信息为依据。如果设计出来的题目,考生无需看原文就能答出来,这样的题目就是无效题目。造成这种情况的原因有多方面,有可能是短文的信息点不够多,或文章太短,为了凑数,就会出现与文章无关的题目。这是阅读测试中很忌讳的事。比如,在短文(无论什么内容)之后设计这种题目就不妥当:

We may infer from this paragraph that people _____.

A. all need the same kind of rest

B. do not usually need rest

C. rest much more than they should

D. do not all rest in the same way

首先,这种选择项无需阅读原文也能回答。第二,其中的 B 项有些荒唐,可以立刻予以排除。A 项和 D 项互相矛盾,使学生会去猜,正确答案必居其一。相比之下,D 比 A 更合乎情理,比 C 项更能让人接受,所以选择项 D。这个项目可以改写为:

The central idea of the paragraph is that people _____.

A. cannot maintain good health without proper test

B. do not all rest in precisely the same way

C. tend to get more rest they actually need

D. can rest better after they had exercised

这样,四项选择都有一定的道理,至于哪一个正确必须阅读短文才能得知。

第三,考点要尽量覆盖文章的内容。设计题目时,每个题目有一个考点,假设有五个题目,那么这五个题目最好覆盖短文的主要内容,不能偏废。换句话说,一篇短文分三小段,如果设计的几个题目只覆盖了其中两段的内容,这样的设计就不好。因为剩余的那段文字没有考到,成了无用的信息。但这并不意味着文章中所有的内容都必须考到,如果文章信息点很多,抽几个主要的点就可以了。为了便于说明问题,请看下面一个实例:

Hercules

Once upon a time there was a great Greek hero, Hercules. He was taller and stronger than anyone you have ever seen. On his shoulder he carried a club and in his hand he held a bow. He was known as the hero of a hundred adventures.

Hercules served a king. The king was afraid of him. So again and again he sent him on difficult tasks. One morning the king sent for him and told him to fetch three golden apples for him from

126

the garden of the Singing Maidens. But no one knew where the garden was.

So Hercules went away. He walked the whole day and the next day and the next. He walked for months before he saw mountains far in the distance one fine morning. One of the mountains was in the shape of a man, with long, long legs and arms and huge shoulders and a huge head. He was holding up the sky. Hercules knew it was Atlas, the Mountain God. So he asked him for help.

Atlas answered, "My head and arms and shoulders all ache. Could you hold up the sky while I fetch the golden apples for you?"

Hercules climbed the mountain and shouldered the sky. Soon the sky grew very heavy. When finally Atlas came back with three golden apples, he said, "Well, you are going to carry the mountain for ever. I'm going to see the king with the apples." Hercules knew that he couldn't fight him because of the sky on his back. So he shouted:

"Just one minute's help. My shoulders are hurting. Hold the sky for a minute while I make a cushion for my shoulders."

Atlas believed him. He threw down the apples and held up the sky.

Hercules picked up the apples and ran back to see the king.

1. What do you know about Hercules according to the first paragraph?
   A. He was a Greek hero.
   B. He was a king.
   C. He was the Mountain God.
   D. He was a man of adventures.

127

2. Hercules was given many difficult tasks because

A. he was the strongest man.

B. the king wanted to get rid of him.

C. the king wanted to test his strength.

D. those tasks had to be done anyway.

3. Which of the following can best describe Atlas according to the text?

A. He looked like a mountain.

B. He was a man with huge shoulders and arms.

C. He was a man with long legs and a huge head.

D. He was the giant who held up the sky.

4. Atlas got the golden apples for Hercules because

A. he wanted to help Hercules.

B. he was afraid of Hercules.

C. he did not want to hold the sky any more.

D. he wanted to be the king himself.

5. Hercules finally managed to get the apples

A. by fooling Atlas.

B. by defeating Atlas.

C. because he ran faster than Atlas.

D. because Atlas threw down the apples.

这篇短文有 300 字,属于故事性材料。既然是故事性材料,就离不开时间、地点、人物、事件。这篇短文的主人公是古代希腊的一位英雄,名叫 Hercules。本文通过 Hercules 为国王取金苹果这个情节,叙述了他如何与山神 Atlas 斗智,最后成功地为国王取回金苹果。短文第一段的最后一句 He was known as the hero of a hundred adventures 是该段的主题句,同时也点出了整篇短文的主题。这是主信息,所以必须围绕它设置一个考点。第一题问的正是这个核心内容。根据这句话可以判断出选项 A 为正确答案。其实,短文的第一句话开门见山地就指出来了 Hercules was a Greek Hero,选项 B 和选项 C 在第一段中没有提到。选项 D 只能说是部分对。为了阐述短文的主题,作者通过一个小故事来展开叙述,主要情节有国王害怕 Hercules,所以总是给他派重活,并且设置了一个圈套,让他去取金苹果,想借此除掉他。Hercules 听从了国王的话,爬山涉水为其寻找金苹果,路遇山神 Atlas,Atlas 双肩撑天很累,引诱 Hercules 替其撑天。Hercules 因轻信了 Atlas 的话而上当,但最后还是以智取胜,为国王取回了金苹果。这几个情节属于阐述主题的辅助性信息,2—5 题都涉及到了,考点抓得好。能够答对这几道题,说明考生确实看懂了这篇短文。这样的题目设计得就比较出色。

完形填空也常被用来测试阅读理解。这种题型我们在第五章已作介绍,在此不再赘述。

8.5 阅读试题的设计要求

目前阅读测试主要使用多项选择题,所以这里的命题要求主要针对多项选择题。有关多项选择题写题的基本要求在第四章已经介绍过,这里结合阅读试题再重复一下。

8.5.1 语言正确、地道、得体、简洁

这条要求是针对题目而言。题目(包括题干和选择项)本身的语言要自然、地道,不能有错。这是写题的最基本的要求。同时要注意题目的难度不能超过阅读材料的难度。如果文章本身句子简单清楚,而写出来的题目冗长复杂,就失去了阅读测试的意义。此外,题目的表述要准确清楚。命题人员必须首先彻底弄懂文章的内容,这样写出来的题目才不至于含混不清,说不到点子上。

8.5.2 考点明确

所谓考点明确,是指题目的设计要以短文的信息点为依据,并且在题干中一定要点出来。题干中没有焦点(focus),考点不明确,是题目设计中最忌讳的,也是最常犯错误的地方。下面的例子就是典型的考点不明确,没有焦点的题目:

Which of the following is true according to the passage?

A. The city was to be designed together with a harbor.

B. The walls around the city would be made of steel and glass.

C. The building of the city would rest on a floating island.

D. The people would live in tall building surround by a wall.

首先,题干问下面几个选项哪个是正确的? 这样的题干,到底问的是什么? 题目的焦点在哪儿? 没讲清楚。其次,选项 A 说的是该城市设计时要有个港口;选项 B 说的是城墙要用钢和玻璃为材料;选项 C 说的是城市的建筑要建在浮岛上;选项 D 说的是住在有围墙的高楼里。四个选项风马牛不相及,没有个中心,考生找不到明确的思路。类似的题干还有:

We learn from the passage that _____ .

Which of the following is NOT true?

The passage tells us that _____.

According to the passage, _____.

It is implied that _____.

It can be concluded that _____.

It can be inferred that _____.

It is true that _____.

The author says that _____.

The author tries to tell us that _____.

From the second paragraph we can see _____.

还有一种题干是只给出一个主语,接下来就是划线,等于还是没有焦点,过于宽泛。这样的例子有很多,例如:

Janet Loops _____.

A. had not bought her ticket

B. was a traveler

C. was a train conductor

D. had her wallet robbed

题干光秃秃的,选项内容不集中,不知道问的是什么。这样的题干叫空题干,设计题目时一定要避免。

8.5.3 每题只有一个答案

在多项选择题中应该而且只有一个完全正确的答案或最佳答案,这是毋庸置疑的。但设计阅读理解多项选择时很容易出现多个答案。这是因为对于一篇短文的理解,不同的人有不同的看法,写题人认为不对的,审题人可能认为是正确的。

如何避免出现一题多答呢? 第一,写题人要细心仔细,题目出来之后反复推敲,自己觉得没有问题了,再请有经验的同事或专家审阅,从不同的角度审视题干和选项,看看会不会出现多个答案;第二,避开不明确的信息点,围绕文中清清楚楚的信息点出题。有经验的命题者还常常另有绝招,那就是所谓的"冷处理"。一套试卷设计完毕之后,就在自己抽屉里锁上几天。等忘得差不多了,再取出来看一看,自己马上会发现问题。

8.5.4 避免无意中透露了答案线索

设计题目时,不要用和阅读材料里一样的字眼。如果题目太接近或与原文文字一样,等于泄露了答案。这种题干或选项一定要进行修改。有这样一例:

Tom was surprised when he met Ann at the party. He was under the impression she had gone away from the locality. The last time he saw her was when Bob was teaching her to drive. A few days afterwards he had suddenly become ill.

下面这个题目设计得就不好:

Tom was surprised when _____.
A. Ann went away
B. he met Ann at the party
C. Bob was teaching Ann to drive
D. Ann suddenly became ill

应改为:

Tom did not expect to see Ann because _____.
A. he knew she was at the party
B. he thought she had left the district
C. he had seen Bob teaching her to drive
D. he had learnt she was ill

第一种设计考不出任何东西,学生可以照抄原文第一句。

第二种设计就好多了,题干变了,要求学生懂得 was surprised 等于 did not expect to see。选择项也与原文的措辞不同,这就要求学生知道 under the impression 等于 he thought, locality 等于 district。这样就增加了考查的内容。当然这种设计需要动一番脑筋。

有时,还会出现一道题目否定另一道题目的情况,说明写题人出现了自相矛盾,这也相当于给另一道题目泄露了答案。这也是题目设计不允许的。

8.5.5 选择项的长度、结构等尽量保持相似

这样的选择项一方面好看,另一方面读起来也通顺。像下面这个例子中的选项 B 就显得啰唆:

What is language according to the passage?

A. Language is the collection of words.

B. Language is used to share ideas, opinions, news, information, etc among the society.

C. Language is the words put together.

D. Language is the same set of sounds of things.

建议改为:

What is language according to the passage?

A. Language is the collection of words.

B. Language is used to share ideas in society.

C. Language is the words put together.

D. Language is the same set of sounds of things.

8.5.6 选择项放到题干中去,无论从语法、语义还是逻辑上都要讲得通

把选择项放到题干中去,语法、语义、逻辑上讲不通,考生就会很容易排除某个选项,使其失去意义。这是写题绝不允许的。但写题时我们往往会犯这方面的错误。原因是:第一,写题人员自己的语言不完全过关;第二,对原文理解有偏差;第三,粗心大意。例如:

Compared with other forms of current affairs programmes, interviews are _____.

A. shorter and more efficient

B. more carefully prepared

C. fairer in approach

D. more authentic and direct

上面这道题就犯了语法错误。英语 compared with 这个短语不能跟比较级形式,而四个选项都用了比较级的形式,因此整个试题是错误的。

8.5.7 题干不要完全是填空式或问答式,两种形式要交替使用

在写阅读测试题时,经验不足的人员往往把题干全部设计成填空式或问答式。这样的设计就不好,读起来呆板。好的设计应该是填空式题目和问题式题目交替使用。如下面这篇短文的设计,有两个填空题,两个问答题。这样的设计就好多了。

The translator must have an excellent, up-to-date knowledge of his source languages, full facility in the handling of his target language,

134

which will be his mother tongue or language of habitual use, and a knowledge and understanding of the latest subject-matter in his fields of specialization. This is, as it were, his professional equipment. In addition to this, it is desirable that he should have an inquiring mind, wide interests, a good memory and the ability to grasp quickly the basic principles of new developments. He should be willing to work on his own, often at high speeds, but should be humble enough to consult others should his own knowledge not always prove adequate to the task in hand. He should be able to type fairly quickly and accurately and, if he is working mainly for publication, should have more than a nodding acquaintance with printing techniques and proof-reading. If he is working basically as an information translator, let us say, for an industrial firm, he should have the flexibility of mind to enable him to switch rapidly from one source language to another, as well as from one subject-matter to another, since this ability is frequently required of him in such work. Bearing in mind the nature of the translator's work, i. e. the processing of the written word, it is, strictly speaking, unnecessary that he should be able to speak the languages he is dealing with. If he does speak them, it is an advantage rather than a hindrance, but this skill is in many ways a luxury that he can dispense with. It is, however, desirable that he should have an approximate idea about the pronunciation of his source languages, even if this is restricted to knowing how proper names and place names are pronounced. The same applies to an ability to write his source languages. If he can, well and good; if he cannot, it does not matter. There are many other skills and qualities that are desirable in a translator.

1. The source language should be _____.

   A. the translator's native language

   B. the translator's language of habitual use

   C. a language the translator speaks as well as his mother tongue

   D. a language the translator is proficient in

2. Which description of a translator would fit the author's requirements?

   A. He is a slow but thorough worker.

   B. He has contacts in printing and publishing.

   C. He has good social skills.

   D. He is well acquainted with his subject.

3. Why is humility desirable in a translator?

   A. Because he must not impose his views on a translation.

   B. Because he will be more faithful to the text.

   C. Because he may sometimes need to accept help from others.

   D. because he will put up with being left alone.

4. Some good translators do not speak the languages they translate because _____.

   A. they are concerned with the written word

   B. they never meet the authors

   C. this allows them to work more efficiently

   D. this saves them expense during training

　　关于多项选择题命题的基本要求在第四章已有详细介绍,这里结合阅读测试又讲了一些需要注意的地方。题目写完后,不要以为万事大吉了,还要回过头来看看几个题目的排列是否与文章的顺序大致相同,答案的排列是否集中在某个选项,不同题目的选择项在意义上是否有关联等。

第九章 如何设计听力测试

在听、说、读、写四大语言技能中,听居首位,是一种非常重要的语言技能。据统计,在成人日常交际活动中,听所占的比例达40%以上。所以说,没有一定的听力水平,交际就无法或者很难有效地进行下去。在目前的外语教学中,人们特别强调提高学生听力理解水平,除了听在交际活动中的重要性之外,它作为一种输入型技能,在学生的外语学习过程中也起着十分重要的作用。因此,听的技能成了衡量一个人的综合语言能力的一个重要指标,成为国际和国内大规模语言测试中不可缺少的部分。在本章中,我们将向大家介绍如何设计听力测试题目。

9.1 如何认识听力理解

上面提到,听力测试已成为各种外语测试中一个非常重要的部分。要想很好地测量考生的听力理解水平,提高听力测试的针对性和有效性,必须对听力理解的心理过程及听力理解的实质有一个正确的认识。

过去,人们认为听力理解是一种被动地、消极地接受语言刺激的过程,因此把听力理解看作接受性技能。然而,心理语言学的实验研究表明,听力理解是一个非常积极的、主动加工的过程。在这个过程中,听者往往要充分利用所有掌握的语言和非语言知识,包括各种背景知识,对外界输入的语音材料进行加工、处理,达到理解说话者的意图。

一般来讲，人们把听力理解的过程按照从低到高分成三个不同的层次或阶段。第一个阶段是语音识别。即对以听觉形式呈现的语言刺激进行初步的编码加工。第二个阶段为句子理解。句子理解以语音识别为基础，通过对字词的语音进行编码以达到对字义的确切把握。注意，要完全理解句子的含义，不仅要理解词的意义，还要进行句法分析和语义分析。第三阶段为语篇理解。一般情况下，人们听到的不是孤立的句子，而是由一系列的句子组成的语段。语段的理解比较复杂，前提是必须理解单句，然后在单句理解的基础上"揣摩"、"猜测"说话者的意图。当然，对语篇的把握反过来又加深对句子的理解。

除了把握听力理解的三个阶段之外，我们还要对听力理解过程的实质有一个正确的了解。听力理解是不是指把听的材料记下来并能复述出来？当然不是。把听见的内容记下来并且能够复述出来并不表明听者对所听材料完全理解了，就如同小孩子可以完整复述大人说的话一样，有时他并不理解所讲之物。实际上，听力理解是一种用所听信息与非语言环境相结合达到完成一件事情的能力，如听完天气预报是为了决定外出是否多穿些衣服，是否带雨伞等。所以说，一位正常的听者决非是一台被动的录音机，他在听的过程中具有选择性，他总是在不停地选择、理解、总结所听的内容。有研究者把这一听力过程视为听者在一定语境下对所听内容不断解释(interpret)的过程，换句话说，听者将所听到的信息与所处的语境和所熟悉的知识(如背景知识)联系起来，进行不断地解释，从而达到理解的目的。

同阅读一样，听不仅是获取信息的一种重要手段，也是吸取语言营养不可缺少的渠道；听还有助于促进说、写、读等能力相应的提高和巩固。所以，衡量一个人的听力能力的高低已成为外语测试中一个非常重要的部分。那么，这里所说的听力能力都包括哪些内容呢？一些研究者，如 J. C. Richards(1983)通过分析和研究列出几十项微技能，但汇总起来可概括为以下几项技能：

1. 掌握所听材料的中心思想和重要细节；
2. 理解所听材料隐含的意思；
3. 判断话语的交际功能；
4. 判断说话人的观点、态度等；
5. 理解句际间的关系，如比较、原因、结果、程度、目的等；
6. 从连续的话语中辨别语音；
7. 理解重音和语音语调。

上面所列的这些技能，并非任何听力测试都要考到。对于初级学员而言，重点可能在后面几项；对于高级学员而言，测试重点应放在前面几项技能的考查上面。

9.2 听力测试的选材

同阅读测试一样，设计听力测试时首先要考虑的是选材问题，如果材料选的不恰当，测试的效度就会受到很大影响。在选择听力测试材料时，我们要注意以下几点：

首先，听力材料必须是口语材料，因为听时接收的是口头语言。口头语言不同于书面语言，各有各的特征。概括地讲，口头语言结构不像书面语言那么严谨，句子短些，重复率高，冗余的信息多。有人研究过口头材料之后说，口语里的冗余信息多达50% ~ 70%。冗余信息多是口语区别于书面语的一个非常重要的方面。

第二，听力材料的难度不要过高。在口头交流中，声音和语调常常帮助传达句子的信息。这些特征使得听懂别人的话比较容易。但是，说出来的话瞬时消失，不像书面语言可以反复阅读。加上说话速度比一般阅读速度快得多，所以单位时间内要处理的信息大大超过阅读中的信息，这些特征使听懂别人的话相当困难。

因此,听力测试用的材料要比阅读测试用的材料容易得多。此外,语速对听力理解有很大的影响。听力材料的语速要自然,所谓自然就是符合真实生活中一般人的讲话速度。当然,自然语速也有快慢之分。高级的听力测试,可以取高一点的自然语速,低级的听力测试,在可取低一点的自然语速。英语的文章速度通常为每5分钟120—150个词。

第三,听力材料的量不要过大。短的听力材料最后用两三句的小对话,不要采用单句,因为单句没有语境。长的听力材料最后不要超过400字。因为听不同于阅读,要边听边记。材料过长,造成记忆负担过重,影响答题。在综合性语言测试中,听力测试题的录音长度(含指令及答题间的停顿)一般控制在30分钟左右。

第四,听力材料的类型要真实多样。所谓真实,就是指受试者在实际学习和工作中经常碰到哪些听力材料,考试时就应该提供类似的材料。这和阅读测试的要求一样。如商务英语考试用的材料就应是人们在商务环境下听到的材料,不能是故事或与商务无关的新闻报导。

听力材料的多样性主要体现在题材、体裁及语言发出方式的类型上。首先,听力测试部分应有不同题材和体裁的材料。其次,听力材料中会话、独白、有稿讲话、无稿讲话应兼而有之,不能千篇一律都是会话或独白。

第五,听力材料的内容要有新意。这一点与阅读材料的要求一致。如果听力材料的内容考生听过,或者熟悉,就不能测出其真实水平。但是,有新意并不意味着考生对听力材料的背景知识一点都没有,否则也同样考不出学生的真实语言水平。所以,不要为了追求新意而走极端,也就是说,选材时内容不要太偏或太专。材料太偏或太专了往往会影响测试的效度。

9.3 听力测试方法

听力测试的形式有很多种。主要有：1. 利用图画、图形或地图，让学生听到指示后完成一项任务；2. 让学生听一句话、简单对话、较长对话、演说，用多项选择检查理解；3. 用填空或记笔记检查学生听力理解；4. 用听写检查学生听力理解等。

9.3.1 利用图画测试听力

利用图画的听力测试一般都比较简单，适用于初级水平的学生。答题方式主要是要求学生作出选择或正误判断。例如：学生看到下页的四张图画后听到一句话：

John's house is the one with two trees on either side.

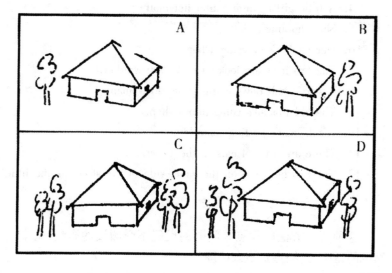

学生理解后,找出哪是约翰的房子。再如,学生边听边看下面的图画,然后判断下面句子的正误。

1. The lorry's on the left of the motorcyclist.
2. The car's travelling in the same direction.
3. A dog's running in front of the car.
4. A little girl's running after her mother.
5. She's holding a doll.
6. Her mother's carrying a bag.
7. The two boys are looking in a shop window.
8. A very small boy's helping the old woman.
9. The old woman's going into a shop.
10. A tall man's posting some letters.
11. There are a lot of cars in the street.
12. The two boys are on the same side of the street as the little girl.

这种测试方法的优点是问题的设置不受阅读的影响,基本上测试的是听力,缺点是不太经济。

在听力测试中,地图也用得比较多。给学生一张简单的地图,学生按照所听到的指示在地图上"行走",东拐西拐,最后让学生标出到达什么地方。指示语按正常语速读出,只读一遍,所以有一定难度。这种题目用后收回就可保密,因为学生考过即忘,很难漏题。

9.3.2 利用多项选择测试听力

多项选择不仅用来测语法、词汇及阅读理解,也是听力测试中用得最多的一种题型。它不仅可以用来测对单句的理解,也可以测试对简短会话及长篇独白或演讲的理解。下面分别举例说明。

9.3.2.1 单句理解

这种形式的测试是让考生听一句话(读一遍),然后考生从试卷上的四个选项中选择一个正确答案。这种方法设计容易,评分方便。需要指出的是,试卷上的说明要写得清清楚楚,一定要让考生明确任务和要求。如"托福"测试上的说明是这样写的:

For each problem in Part A, you will hear a short statement. The statements will be spoken just one time. They will not be written out for you, and you must listen carefully in order to understand what the speaker says.

When you hear a statement, read the four sentences in your test book and decide which one is closest in meaning to the statement you have heard. Then, on your answer sheet, find the number of the problem and mark your answer.

设计者不惜花这么多的笔墨是有考虑的:只有把任务交待清楚,才能保证测试的各项指标。(一切题目的说明都应做到这一点。)具体题目的形式是这样的:

学生听到: According to John, there is no better cheese than Swiss cheese.

学生看到: A. John believes that Swiss cheese is no longer delicious.

B. John says that the Swiss cheese makes delicious butter.

C. Swiss cheese is the best cheese in John's opinion.

D. There are many better cheeses than Swiss cheese in John's eyes.

学生听到: The game will be held, rain or shine.

学生看到: A. The game is temporarily delayed because of rain.

B. There will be no game if it rains.

C. There will a game regardless of the weather.

D. It rains every time there is a game.

从这两道题中我们能看出什么设计特点呢? 第一,题干容易,选择项难。这是有道理的,因为题干是听的,选择项是读的。第二,设计选择项的限制较少:选择项可以互相矛盾,可以离题甚远。这在阅读测试中就不合适。原因是,听到的句子立即消失,懂就懂了,不懂也无法再核对一遍。这种设计体现了口语与书面语的区别。当然,单句毕竟简单,因为学生每次要处理的信息量小,不用在记忆中储存。不过,单句也有困难之处,那就是,在几分钟之内连续听一些风马牛不相及的话,像在听一个精神病患者讲话,完全不能预料下一句是什么。这种毫无预料性(unexpectedness)既是对学生的听能很好的考验,又是听力测试不够自然的反映。

9.3.2.2 简单对话

这种形式的测试是让考生听一段简单对话,然后听到一个关于对话内容的问题,考生在试卷上看到的是 3 个或 4 个选项,从中选择正确的答案。这种形式已被广泛运用,并证明十分可靠。其明显优点是,比设计图画方便得多,能测到许多不同的对话场景和语言难点,评分容易,信度较高。请看下面的例子:

考生听到:　Man：Operator, I'd like to place a call to Athens, Greece. How much will it cost?

Woman：＄9 for the first three minutes and ＄3 for each additional minute.

Third Voice：How much would a ten-minute call cost?

考生看到:　A. ＄29　　B. ＄50　　C. ＄25　　D. ＄30

考生听到:　Man：Are you going to the concert tonight?

Woman：No, I promised to baby-sit for my neighbors while they go to a military dinner.

Third Voice：What will the woman do tonight?

考生看到:　A. She'll go to the concert.

B. She'll watch her neighbor's children.

C. She'll go to a military dinner.

D. She'll visit her neighbor.

考生听到:　Woman：Excuse me. When will the 7：15 bus arrive?

Man：It's been delayed two hours because a bridge

　　　　　　　　　was broken.

　　Third Voice：What do we learn from this conversa-
　　　　　　　　　tion?

考生看到：　A. The bus has broken down and will not arrive.

　　　　　　B. The bus was in a terrible accident.

　　　　　　C. The bus will probably arrive at 9：15.

　　　　　　D. The bus may arrive tonight，but the man isn't

　　　　　　　　sure.

　　这几道题的设计给我们什么启示？第一，题干和选择项的文字都很容易，因为测试的重点在对话的内容上。第二，干扰项不像阅读的干扰项那么严格。第三，干扰项是根据听觉特征设计的，估计学生听错什么地方就设计什么干扰项。如，如果把 baby-sit 听成 sit，就可能选 she'll visit her neighbor；如果把 ＄3 for each additional minute 听成 ＄3 for each minute，就会选 ＄30。当然，有时也没有任何道理，如 she'll go to the concert 一项就起不到多大的干扰作用。最后，我们还应注意，这里有计算和推理的问题。有人反对在阅读和听力测试中出现需要计算的问题，至少不能用得太多，因为多了就成了数学测试。但是"托福"测试中每次都有几个计算题。第三题是简单推理，题干中没有直接提供答案。

9.3.2.3 较长对话、演说

　　听力测试中最难的部分还是听成段的材料，或者是较长的对话。这种形式的特点是时间短，信息量大，而且文字比前两种也难一些。它不仅考听的技能，而且考短期记忆。考生可能听的时候懂了，到答题的时候又忘了。遇到数字、年月、人名、地名，就更是如此。况且，每一段之后，不止一个问题，而是多个；答完第一个，由于精神过于集中，短期储存的其他信息，就都模糊了。信息的记忆与信息的系统性有关。所以,故事易记,因为它有情节;演说和对话难记,因为事实和观点遍及全篇。当然,如果语言水平高,听起来从容不迫,说明冗余的信息多,记忆起来也就不成问题。请看下面两例,第一例是一个长对话,第二例是一篇短文:

例1:

R: *Now listen, and mark A, B or C.*

F: You wanted to see me?

M: Ah yes. Thank you for coming. You know about our production problem?

F: I've heard something. What is it exactly?

M: We're running at 400 pairs a day now—and that's not bad. But we need to increase it by 200 pairs for the next two weeks.

F: 600 a day?

M: Yes. I know it sounds difficult, but we have some important new orders, and these could become important customers for us. We can't meet these orders at our current rate of production. We could employ another company to make the shoes for us, but that's going to cost money that we just don't have, and can't borrow.

F: Well I want to see us get the new business, as well, of course. It's ... er ... just that I can't see how it can be done without major changes—even if you give us a month to do it, we couldn't reach that level. Basically, we can't do it in this factory.

M: Well, that's what you say but I don't see what the problem is.

F: It's these old machines, you know, the main machine—the XR400—is just not quick enough. I mean, what it produces is fine, but it's already at its top speed, and if we push it any harder, it's going to break down.

M: Well, O. K. We'll just have to run it for longer hours—and pay people overtime.

F: We could, but to be honest, money's not what they're worried about. They're already working 8 hours more each week than last year, and I've heard lots of angry talk about this.

M: Look, I'm sorry, but it's got to be done; it'll probably only be for two weeks. By the end of the year the new factory will be open, and then everyone'll be working in much better conditions.

F: Well, that's something else. They're not happy about the transport links for the new factory. O. K., it'll be better for the trains-the station's quite close. And there's a direct train to the International airport. But what about the problem of getting to work every day? Most of our people live on the south side of the city and the new site will be in the north and it's a long way from the bus station.

M: Well, they'll either have to find a way to make the journey every day or they'll just have to move nearer the factory—it's a much better area to live in—much more space.

F: Well, I don't know how happy they'll be about that, or about this production increase. All I can do now is talk to them about it and hope there won't be any problems.

1. The Manager wants their shoe production to increase to _____.

   A. 200 pairs a day
   B. 400 pairs a day

148

C. 600 pairs a day

2. The Manager wants the increase in production in order to
   _____.

   A. pay off the company's debts
   B. supply new customers
   C. beat other companies

3. The Production Supervisor thinks the increase in production
   _____.

   A. can be made immediately
   B. can be made over the next month
   C. cannot be made in this factory

4. The Production Supervisor says the old equipment
   _____.

   A. keeps breaking down
   B. is too slow for the purpose
   C. produces poor quality shoes

5. The main problem for the employees is _____.
   A. the low salary
   B. the long hours
   C. the loud noise

6. The new factory will be near _____.
   A. the railway station
   B. the airport
   C. the bus station

7. The Production Supervisor thinks that the site of the new facto-
   ry is _____.
   A. too far from employees' homes
   B. too near to the centre of the city
   C. too small for the company

8. The Production Supervisor will have to talk to _____.

    A. the employees' representatives

    B. the Assistant Manager

    C. the Managing Director

这段对话很长,属于典型的口语材料,后面共有 8 个问题。要完全答对这 8 个问题,涉及到许多细节性问题,需要考生有很好的记忆能力和判断能力。

例 2:

Strikes are very common in Britain. They are extremely harmful to its industries. In fact, there are other countries in Western Europe that lose more working days through strikes every year than Britain. The trouble with the strikes in Britain is that they occur in essential industries. There are over 495 unions in Britain. Some unions are very small. Over 20 have more than 100,000 members. Unions do not exist only to demand higher wages. They also educate their members. They provide benefits for the sick and try to improve working conditions. Trade unioners say that we must thank the unions for the great improvement in working conditions in the last hundred years. It is now against the law for union members to go on strike without the support of their union. This kind of strike is called the unofficial strike and was common until recently. Employers feel that unofficial strikes were most harmful because they would not be predicted. However, these unofficial strikes still occur from time to time and some unions have also refused to cooperate with the law. As a result, the general picture of the relations between workers and employers in Britain has gone from bad to worse.

1. In what way are strikes in Britain different from those in other Euro-

pean countries?

A. They often take place in her major industries.

B. British trade unions are more powerful.

C. There are more trade union members in Britain.

D. Britain loses more working days through strikes every year.

2. Why are British employers so afraid of unofficial strikes?

A. Such strikes are against the British law.

B. Such strikes are unpredictable.

C. Such strikes involve workers from different trades.

D. Such strikes occur frequently these days.

3. What conclusion can be drawn from this passage?

A. Trade unions in Britain are becoming more popular.

B. Most strikes in Britain are against the British law.

C. Unofficial strikes in Britain are easier to deal with now.

D. Employer-worker relations in Britain have become tenser.

这是一篇200多字的短文,讲的是英国的罢工和欧洲其他国家的罢工的不同之处。后面有三个问题,即有对短文的综合理解,又有对细节的考查,还有一个推断性题目。答对这几道题并不容易。

9.3.3 利用填空或笔记方式测试听力

上面介绍的几种测试听力的方法均属客观题,即只要求考生做出选择或判断。现在,有些考试采用一些主观性题目,如让考生填空,或以记笔记方式来测试听力。填空题简单一些,可用于初级的考生,记笔记的形式则比较难,适合于较高级的考生。用主观性题型测试听力的难点主要在评分上。填空题由于填的字一般较少,一两个单词或数字,较容易判分,而记笔记的题目的评分要难些。下面是题型举例：

例1：

Listen to the conversation and write one or two words or a number in the spaces on the form.

考生听到：

F： Hello. Could I speak to the Manager please?

M： I'm afraid he's not available at the moment. Can I help you?

F： Yes. I'd like to make an appointment to see him.

M： Can I take your name?

F： It's Fenton. F E N T O N. And that's Mrs.

M： Do you have an account with us already?

F： Yes. I've had a business account since 1993.

M： And what is your business?

F： I run a restaurant in Highfield Old Town.

M： Well. The Manager could see you on the 14th August at 10: 30 a. m.

F： What day is that?

M： Wednesday.

F： Yes. That's fine.

M： Can I ask what it's about?

F： Well. I wanted to talk about a loan. I wrote to him a couple of weeks ago and he asked me to come in and see him.

M： That's great. Thanks very much.

考生看到：

```
┌─────────────────────────────────────────────────────────┐
│                   PHONE MESSAGE                           │
│                                                           │
│   Name of caller: Mrs (1) _____         │
│                                                           │
│   Type of account: (2) _____           │
│                                                           │
│   Occupation: (3) _____ Manager        │
│                                                           │
│   Date of appointment: 10: 30 a. m. (4) _____   │
│                                                           │
│   Purpose of appointment: to talk about (5) _____   │
│                                                           │
└─────────────────────────────────────────────────────────┘
```

例2:

Listen to the recording and take notes.

考生听到:

Hello. This is Jeremy Tan. Er . . . yes, that's spelled T-A-N. Yes, I'm from Oriental Graphics. Mmm. Yes, I'd like to leave a message for Mr Lacey. It's about your offset printers. Could he let me know the present price of the PL 590 lithographic press? No. No it's not priced in your latest catalogue. Yes. Perhaps he could call me back today, please. My number is 093 562 7035. That's right. Thank you very much. Bye.

学生看到:

```
                        TELEPHONE NOTE

July 6 , 1998
MESSAGE FOR: _____
FROM: _____
MESSAGE: _____
_____
_____
_____
_____
```

　　用听写来测听力主要用于课堂测验,关于听写这种测试方法
详细情况请见第十二章。

9.4 听力测试题目设计原则及命题要求

　　由于听力理解和阅读理解均属于接受性语言技能,这两种能
力的测试方式也相差不多,所以在讨论阅读测试时提到的命题原
则也完全适用于听力测试。这些原则包括:1.设计考点时要以信
息为目标;2.设计考点时必须以所听材料的信息为依据;3.考点要
尽量覆盖所听材料的内容等。

　　在编写测试题目时需要注意的是:1.测试题目(包括题干和选
择项)的语言要自然、地道,不能有错;2.考点明确,是指题目的设
计要以所听材料的信息点为依据,并且在题干中突出出来;3.每题
只有一个正确答案或最佳答案,这是毋庸置疑的;4.避免无意中泄
露答案;5.选择项的长度、结构等尽量保持相似;6.防止把选择项

放到题干中去时,语法、语义或逻辑上讲不通等等。这里就不再举例说明了,设计试题时请参照第八章的有关讲解。

第十章 如何设计口语测试

在听、说、读、写四种语言技能中,说的技能无论怎么强调恐怕也不过分,因为学习语言的最终目的是把它作为一种工具来进行交际,而交际首先指的是口头交际。语言教学今天所强调的交际教学,首先是指口头交际。从社会对外语人材的需求来看,一个人的口语能力无疑是十分重要的。所以说,没有口语测试的语言测试是不全面的,或者说不能称其为语言测试。

与其他几种语言技能测试相比,口语测试是最难进行的。这倒不是因为口试题难设计,主要是进行起来最为费力。如有 2,000 人参加考试,50 名主考人,每两人一组,每组要考 80 人;如果每人考 15 分钟,就要进行 20 个小时。而且,口语测试评分最主观,信度往往较低。正因为如此,过去一些大规模考试中没有口语测试。但近年来人们发现,语言测试只有笔试是不行的,尤其是只包含客观题的笔试,其结果往往是考生分数很高,而语言交际能力,尤其是口头交际能力很差。语言测试中不考口语对整个外语教学也产生了相当大的负面影响。所以,现在口语测试得到了相当的重视。我们知道,"托福"考试过去是没有口语测试的,现在增加了口语测试。国内影响比较大的大学英语四、六级考试目前也考虑增加对学生口语水平的测试。英国的考试历来重视考生的口语水平,几乎所有语言测试中均有口试。

10.1 口语测试的模式

口语测试所测量的是考生的口头语言表达能力。对考生的口头语言表达能力测量的最佳方式当然是直接了当地进行测试,如考官和考生面对面地进行交谈,考生之间进行交谈等。有时人们也采用半直接的方式,即把要考的题目录制在磁带上,让考生根据磁带上的题目进行回答。通过笔试考口语属于间接型口试,这种方式效度最低,不能真实地反映考生口头表达能力。

10.1.1 直接型口试

现代语言测试理论的原则之一就是要测什么就考什么。要测量考生的口语水平,就必须让考生开口讲话,通过让考生开口说话来对其口语能力作出评估。这种测试方式就是直接型口试。直接型口试的形式有多种,如面试、会话、讨论等。其中面试用得最多。对考生进行面试的问题或话题一般都提前准备好,口试时考官对考生进行提问,有时考官会根据考生的回答情况进行进一步的提问,让考生充分地表现其口语能力。

采用面试的方式对考生的口语能力进行测量一般有如下几种模式。

第一种是一位考官考一名考生。考官即是面试员(interviewer),又是评判员(assessor)。他不但负责提问,控制整个口试过程,还要给考生评分。这种方式工作量大,效率低。

第二种是两位考官同时考一名考生。两位考官中其中一位是面试员,只负责提问;另一位是评判员,只负责给考生打分。这种方式比第一种方式效率高,但一名考生看到两位考官往往会产生畏惧心理。

第三种模式两名考官同时考两名或三名考生。同第二种模式一样,两位考官中其中一位是面试员,负责提问;另一位是评判员,负责给考生打分。面试时,一般是面试员对两名或三名考生轮流提问,然后引导考生互相提问或一起完成考试任务。这种口试模式比较灵活,效率也高,通过考官和考生的交谈及考生之间的交谈可以全面地考查考生的口语能力。英国剑桥大学考试的许多考试就是采用这种形式,如商务英语证书(BEC)考试中的口试。

10.1.2 半直接型口试

在一些大规模考试中,由于考生多,考官少,直接对所有考生进行口试做不到,这时往往采取半直接型口试方式。这种方式是把事先准备的一些问题录制在磁带上,让考生根据磁带上的提问来回答问题,考试完后,将磁带收集起来一起评判。这种口试方式的优点是:第一,实施时,省时、省力、效率高;第二,可以避免因考官水平的不一致对考生成绩造成影响;第三,因为考生面对的是录音机,不像面对考官那样紧张,更有利于发挥他们的口语水平。然而,困难就是组织评分时要花上不少人力和时间。况且,人们在进行口头交流时,不仅涉及到语言表达要准确、流利,更重要的是说话者要有一定的交互能力(interactiveness),这种能力通过录音的方式是很难考查到的。

10.1.3 间接型口试

间接型口试是指通过笔试的方式来测量考生的口语水平。如通过辨音、完成对话等来检查考生的口头表达能力。实践证明,通过笔试的方式无法真正地考出考生的口语水平。这样的例子太多了。如很多中国学生"托福"分很高,但一句完整的话都讲不出来。高考也有这样的情况。很多学生英语高考分很高,但不具备简单的口头交际能力。大学英语四、六级考试也同样存在这个问题。我们常说,考试是指挥棒,考试中不考口语,平时教学中老师不重视口语,学生也不重视口语,结果是高分低能。因此,考试中增加口语测试势在必行。

10.2 口语测试的目标

设计口语测试题之前,首先要考虑的问题是口语测试应达到的目标是什么? 对不同水平的考生要测试不同的口语技能,初级、中级的考生要能够进行简短对话的话,就要能够表达自己的看法、态度、致谢、赞扬等,同时能够简单地叙述一件事的发生过程,还要会问对方的有关情况,请求对方帮助等。高级水平的考生则要能够长时间连续讲话,就一个问题发表自己较全面的看法。英国皇家人文科学协会编制的英语作为外语的交际性测试(The Royal Society of Arts (RSA) Test of Communicative Use of English as a Foreign Language)提出的一些要求,可以作为我们命题的参考:

Basic Level	
Expressing:	Thanks, requirements, opinions, comment, attitude, confirmation, apology, want/need, information
Narrating:	Sequence of events
Eliciting:	Information, directions, service (and all areas above)
Intermediate Level	
Directing:	Ordering, instructing (how to), persuading, warning
Expressing:	Complaints, reasons/justifications
Reporting:	Description, comment, decisions
Eliciting:	Clarification, help, permission
Advanced Level	
Expanding:	In the areas set out above

Advanced Level	
Developing:	
Organizing:	

其中,特别值得指出的是,在初中级口试中,他们特意包括了询问(eliciting)的能力。相比之下,提出问题比回答问题更难一些,一是看考生会不会用英语询问各种信息,二是看考生对什么问题更感兴趣,英国文化委员会的口试中,考官都会问:Since you are going to Britain, what do you want to ask me about Britain? Anything particular you want to know? 考官评论到:"好的考生能问许多问题。但也有人一句也问不出来,谁能通过一目了然。"

10.3 直接型口试方法

最直截了当的口语测试还是考官与考生面对面的谈话。至于把考生叫来让他干什么,形式还是多种多样的。从活动的形式讲,常见的口试有:朗读、问答、复述、看图说话、扮演角色、口头作文、讨论等。但由于考生的水平不一样,这些形式下的内容也是有各种变化的。下面我们分别举例说明。

10.3.1 朗读

朗读是一种常用的口试手段,尤其是对于初级水平的学员,一般都采用这种方式来检查考生对语音、语调及重音的掌握。

朗读分单词、句子及段落朗读。一般情况下,考官将要求朗读的材料交给考生,考生稍做准备再开始朗读。朗读时,考官往往注意考生的发音、连读、意群、语调等是否正确,有哪些元音辅音不准确,有没有吞音现象。朗读可以反映考生的说话能力,因为如果朗读都读不好,口语水平也就有限了。但朗读水平不错,并不能证明口头表达能力就很强。朗读只是口头表达能力的一个方面,只能作为综合口试的一个组成部分。

有时,在考生朗读完一段文字之后,考官就短文的内容用英语提问几个问题。一方面,看看考生能否听懂考官的话,反应快不快。另一方面,看考生能否用正确的英语回答问题。回答的内容反映出考生是否把故事看懂了。答语中的语音、语调、用词、语法、流利程度等,都反映了考生的会话能力。我国高考英语口试一般都有朗读项目。

在水平比较高的口语测试中,也可以有朗读一项,其要求就不那么简单了。例如,朗读一个充满感情的对话,要读得活龙活现,就是语言水平高的表现,英国剑桥英语水平测试中的口试,是让学生朗读对话中的一个角色的话。例如:

In the following dialogue the student will read the part of MANAGER. The teacher will read the other part.

Manager: Now, Brown, what's the meaning of all this? If ever there's any trouble down at the works, I know you'll be involved.

Brown: Well, you see, it's this machine.

Manager: What do you mean by "It's this machine?" I can't see anything wrong with it.

Brown: Er-It doesn't work.

Manager: Doesn't work? What the Devil's that supposed to mean? It doesn't start? It doesn't perform properly when it's going? How do you expect me to do anything about it without explaining yourself better?

Brown: Well, this bit here doesn't seem to connect.

Manager: Well, have you had the engineer down to have a look at it? What did he say?

Brown: He couldn't find anything wrong.

Manager: If he can't find anything wrong, what do you expect me to do?

I'm not a mechanic, you know, manage men, not mend machines. I came down here to see you because I thought you had a personal problem, not trouble with your machine. I suggest you get the engineer back here and, if necessary, have him take the whole machine to pieces until he finds out what is wrong. And failing that, I would, personally, give the thing a good, kick.

Brown: Thanks, sir. I knew I could rely on you. It's going like a dream now.

应该说,把这部分对话读得有声有色,的确不易。这位大经理一到现场就向工人大发雷霆,发现自己理屈后才开始查询事实真相,然后指示工人如何做,最后一步步退到只好承认自己毫无办法的地步。把这位表面上气壮如牛、内心无比虚弱的神态完全表现出来,简直要有话剧演员的朗读水平!

10.3.2 问答

考官与考生之间进行问答,是一种最常用的方式。其中最重要的环节是考官提问,考生回答问题。考官所问的问题一般都是事先准备好的,主要是关于日常生活方面的话题,如考生的个人情况、家庭情况、工作、学习、学校、体育活动、业余爱好、书籍、电影、交通、假日活动、保健、购物、交友等等。对于每个话题,可以问十个左右的问题,如关于 sport and games 这个话题,可问的问题有:

Do you play any games?

What's your favourite sport?

How often do you play?

Are you in your school team?

Do you like watching sport?

Which do you think is the most interesting sport to watch?

Can you swim?

How did you learn to swim?

Whereabouts do you go swimming?

Which game would you advise me to take up? Why?

Which is the most difficult game to play?

Which is better as an exercise: basketball or football?

设计口试的人员尽量设法使所问的问题具有真实性。人们发现,如果考官是外国人(英语本族语者),他们问的问题都显得是"真的"问题;而中国考官的问题总是有几分不自然,包括 What's your favourite sport? 这类问题,本来是具有"信息差距"的,但让中国考官一问,就变得"为问而问"或者"为考试而问",学生也就往往只顾语言,不顾信息的交流。这种"不自然"劲儿一方面来自问题设计本身,一方面来自考官的表情。如果考官表现得自然、热情、诚恳一些,整个语境也就会显得真实一些。

采用面试进行口试的优点是可以将考生置于一种真实的语言环境下,考官和考生面对面地进行交流也比较自然。另外,面试时一般是两名考生同时进行,这样可以较容易地对比他们的口头表达能力。

10.3.3 看图说话

口试就是要让考生说话,说话就要有个题目。而提供话题的方法很多,常用的一种是看图说话。口试时,给学生一张图画或照片,也可以是图表或广告材料等,让考生准备几分钟,然后根据这些图片提问。图片有时是单幅的,有时是多幅的。单幅图片适宜测试考生的描述能力,多幅图片常用于测试考生叙述故事的能力。请看下面这幅图:

这是一张地铁车厢图,画的是人们上班的情景。要求考生根据这幅图说几句话。注意,这种图画对于生活在有地铁的城市里的考生来说不太难,而对于生活在没有地铁的城市的考生来说就不合适,因为他们没有见过地铁,没有这方面的经历,就会感到说不出多少东西来。再看下面这几幅连续的图画,要求考生根据它来叙述一个故事,这种形式的口试题目一般都给出个"引子",如:

考官说:Last summer Lucy spent a few days with her uncle and aunt in the country. When it was time for her to return home, her uncle and aunt took her to the station. Lucy had made a lot of

164

friends and she felt sad on leaving them. She got on the train and waved goodbye to them... Now you continue to tell this story.

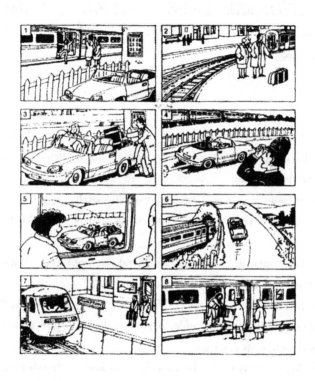

　　用图画来让学生说话是一种很有效的口语测试方式。它通过一种非常直接的方式让考生开口,充分展现其口头语言表达能力和想象能力。由于图片的内容控制了说话的范围,考生之间的表现具有很强的可比性。但是,这种形式只适用于中级水平以下的考生,中级水平以上的考生应更难一些。

10.3.4 扮演角色

　　提供话题的另一种方式是给出考生几种不同的交际场景,让他们扮演不同的角色,并作出语言反映。要求所说的话不仅正确、流利,而且要得体,要符合场景中的角色、身份、话题的要求。这种形式接近语用测试,适用于中等以上水平的考生。英国剑桥英语水平测试就包括这样一项。他们通常提供五种场合,让学生选三种作出反应。例如:

Situations

1. You have your car repaired at a garage. The next day when you are out driving the same trouble occurred. What do you say when you return to the garage?

2. You are watching a very exciting football match. At the most thrilling moment a very large man moved in front of you. What do you say to him?

3. You have been ill at home and a friend has been looking after you. You are very grateful. What would you say?

4. You promised to take your children out for a picnic. When the day arrives you find it impossible to go. Apologize to the children and explain why you can't go.

5. You buy a small puppy because it looks sad in the shop window. You know your husband/wife doesn't like dogs. What do you say when you get home?

这几道题设计得相当好。为什么?我们知道,语言的得体性与谈话人的身份、地位、话题、事由、目的等有密切关系。五种场景,要求考生扮演五种不同角色:分别为顾客、陌生人、朋友、父母、丈夫或妻子。双方的关系也分亲昵、亲密、一般、疏远等。每次说话的目的也不同,分别为抱怨、批评、感谢、表示歉意并加以解释,说明原因并表示歉意。涉及的社会现象也很多:修汽车、看球赛、

166

养病、野餐、养狗。交际策略也不一样。第 1 题中,要说明自己的抱怨是合理的,使对方应免费修理。第 2 题中,要表示气愤,但不易过火,免得吵起来。第 3 题中,要讲得符合事实,态度诚恳,不能有虚情假意之嫌。第 4 题,向孩子道歉不同于向大人道歉,既要说明长者对晚辈也应该遵守诺言,又不失长辈身份;解释要合情合理,不敷衍了事。第 5 题中,先要表示歉意,然后解释自己当时的心情,答应对方替狗另找个主人等。

以上分析不是为了指导学生如何答题,而是为了说明设计人员的良苦用心。可以设想,如果场景相似,角色相同(如都是同事),任务一样(如都是抱怨或道歉),那么考试结果不会十分可靠。因为有的学生可能善于批评或抱怨,但不会向他人道歉;有的人可能知道如何对家庭成员讲话,不懂得如何对陌生人讲话。题目设计得越全面,测试结果越可靠。

最后提示一句:对这种回答的评分,一定要考虑语言的得体性;得体与否比语法错误更重要。如果只看语法正确与否,这种测试就失去了意义。

10.3.5 讨论

对水平较高的考生(至少中级以上),可以给他们几个题目,让其任选一个,经过几分钟的准备,就所选题目讲 2—3 分钟的话。这种连续讲话比单句对话要难得多,因为它要有思想或看法,要组织得合乎逻辑,又要不停顿地表述出来。这是更高级的口语能力。我国外语专业本科毕业生的口试常采取类似方法。下面是剑桥英语水平测试的三组练习题目:

Prepare yourself to speak for 2 minutes on any ONE of the following topics. You may make notes on a separate piece of paper and refer to them during your talk, but you must not write out the complete talk and simply read it aloud.

1. Ways of defeating boredom
2. Equality for women
3. Boats and ships

或者

1. The strength and weakness of the United Nations
2. Different ideas of beauty
3. The achievements of a great reformer

或者

1. Your experience in learning a new skill or technique
2. The interest of collecting things
3. Conservation in towns and cities

这些题目涉及的内容比较广,使学生不能猜题。每组有三个选择,使学生不至于无话可说。就时间而言,不停顿地讲两三分钟的话,按正常速度计算就是 300—500 个字,就像 50 句话左右的小型演说。这种题目重点测验组织能力、表达能力、流利程度。

其实,测试口试的方式有很多。比如,让考生听一段材料,然后再让其复述所听的内容,由两位或三位学生一起就某一话题进行讨论等,在此我们就不详细讨论了。

10.4 口语测试的评分

许多教师和测试专家都承认,口语测试评分很难做到客观公正。10 个人评分,可以得出 10 个分数,而且悬殊很大。根本原因是其中要注意的成分太多,而且无法进行定量分析。即使把考生的话都录下来,再听几遍,评分也不会客观。当然,有时也有无意识的成见或偏爱。一个学生长得漂亮或衣着整齐大方,而另一个有些傲气或过于拘谨,偶尔也会影响它们的分数。

怎么办呢?现在已提出各种办法。一种叫分析法(analytic approach),即把口试的表现分解为若干个要点,如语音语调、语法、词汇、内容、流利程度、准确性等,不同的要点可作不同的加权处理,各要点得分总和即为口试的总分。另一种方法叫综合法(holistic approach),即评分员根据自己的总体印象给考生打一个分数。这种方法比较省时,但随意性比较大,因此误差也大,一般情况下采用多人评分,然后取其平均分。为了提高评分的信度,在一些大规模的标准化考试中,如英国剑桥大学的口试,采用分析法和综合法相结合的办法来评分,并且评分前对评分人员有严格的培训。

无论是采用分析法还是综合法,评分时都要有个标准作为参照,而且这种标准也随着考生的外语水平而发生变化。以下是英国的 ELTS 和美国外交学院的口试评分定级标准,我们可以拿来借鉴。

ELTS 的口试评分定级标准:

Band

9 **Expert speaker**. Speaks with authority on a variety of topics. Can initiate, expand and develop a theme.

8 **Very good non-native speaker**. Maintains effectively his own part of a discussion. Initiates, maintains and elaborates as necessary. Reveals humour where needed and responds to attitudinal tones.

7 **Good speaker**. Presents case clearly and logically and can develop the dialogue coherently and constructively. Rather less flexible and fluent than Band 8 performer but can respond to main

changes of tone or topic. Some hesitation and repetition due to a measure of language restriction but interacts effectively.

6 **Competent speaker**. Is able to maintain theme of dialogue, to follow topic switches and to use and appreciate main attitude markers. Stumbles and hesitates at times but is reasonably fluent otherwise. Some errors and inappropriate language but these will not impede exchange of views. Shows some independence in discussion with ability to initiate.

5 **Modest speaker**. Although gist of dialogue is relevant and can be basically understood, there are noticeable deficiencies in mastery of language patterns and style. Needs to ask for repetition or clarification and similarly to be asked for them. Lacks flexibility and initiative. The interviewer often has to speak rather deliberately. Copes but not with great style or interest.

4 **Marginal speaker**. Can maintain dialogue but in a rather passive manner, rarely taking initiative or guiding the discussion. Has difficulty in following English at normal speed; lacks fluency and probably accuracy in speaking. The dialogue is therefore neither easy nor flowing. Nevertheless, gives the impression that he is in touch with the gist of the dialogue even if not wholly master of it. Marked L1 accent.

3 **Extremely limited speaker**. Dialogue is a drawn-out affair punctuated with hesitations and misunderstandings. Only catches part of normal speech and unable to produce continuous and accurate discourse. Basic merit is just hanging on to discussion gist,

without making major contribution to it.

2 **Intermittent speaker.** No working facility; occasional, sporadic communication.

1/0 **Non-speaker.** Not able to understand and/or speak.

The Foreign Service Institute Oral Interview

1. Able to satisfy routine travel needs and minimum courtesy requirements. Can ask and answer questions on topics very familiar to him; within the scope of his very limited language experience can understand simple questions and statements.

2. Able to satisfy routine social demands and limited work requirements. Can handle with confidence but not with facility most social situations including introductions and casual conversations about currant events, as well as work, family, and autobiographical information.

3. Able to speak the language with sufficient structural accuracy and vocabulary to participate effectively in most formal and informal conversations on practical, social, and professional topics. Can discuss particular interests and special fields of competence with reasonable ease; comprehension is quite complete for a normal rate of speech; vocabulary is broad enough that he rarely has to grope for a word; accent may be obviously foreign; control of grammar good; errors never interfere with understanding and rarely disturb the native speaker.

4. Able to use the language fluently and accurately on all levels normally pertinent to professional needs. Can understand and participate in any conversation within his range of experience

with a high degree of fluency and precision of vocabulary; would rarely be taken for a native speaker, but can respond appropriately even in unfamiliar situations; errors of pronunciation and grammar quite rare; can handle informal interpreting from and into the language.

5. Speaking proficiency equivalent to that of an educated native speaker. Has complete fluency in the language such that his speech on all levels is fully accepted by educated native speakers in all of its features, including breadth of vocabulary and idiom, colloquialisms, and pertinent cultural references.

第十一章 如何设计写作测试

　　学习一门外语的主要目的是用它来进行交流,而交流的手段无非通过说或写。与说相比,写更难教,更难学。但考起来却相当容易。让学生写一篇作文,其语言能力会充分地"暴露"出来,这是因为写作测试是一种综合性测试,它不仅测验学生的词汇、用法、语法等语言要素,而且测验学生的组织能力、分析能力、表达能力、逻辑推理、对各种语体的掌握等。所以有人认为只有写作能力才能真正反映一个人的语言修养。

　　尽管写作如此重要,有的标准测试中并不包含写作项目,其根本原因是写作的评分主观,不十分可靠,而且评分过程很不经济。众所周知,考试对教学有很强的反拨作用,考试中大量使用客观题,忽略写作测试的倾向对外语教学和学习产生了很大的冲击,学生把大量的时间花费在做多项选择题上,影响了语言运用能力的提高。所以,人们呼吁,语言测试一定要改变这种重知识、轻能力的做法,把语言测试引导到一个正确的路子上来。其实,观察一下近年来国内外一些大规模测试的发展不难发现,人们对写作测试的重要性的认识在不断提高。如"托福"考试过去没有写作测试,现在也增加了写作的考查;高考英语中书面表达部分所占的比重也在逐年增加。

11.1 如何测量考生的写作能力

　　多少年来,作文曾经是写作测试的唯一测试形式,近年来由于测试理论的发展,不少人对写作测试成绩的可靠性提出异议。于是有人认为,写作也应采用客观测试。这样就引发了一场争论。一派主张继续使用作文的形式,一派主张用客观测试的形式,中间派试图折衷调和,提出两种形式都使用,互相补充。

作文派的理由是:1.作文要求学生组织自己的思想,用自己的话表达出来,是测试写作能力的有效的方式;2.作文鼓励学生练习写作;不考作文,学生就会忽视写作技能;3.作文题目容易设计。

客观测试派认为:1.作文成绩不可靠,因为学生在不同题目上反映出水平不一样,而且评分主观性强;2.学生写作时,可以回避自己的弱点(如没有把握的句型不用),在客观测试中,学生无法避开难点;3.在大规模测试中,作文在评阅时往往造成组织上的困难和经济上的浪费。

中间派说:1.设计科学的客观测试也能测量学生的写作技能,因此,在阅卷困难的情况下,可以单独使用客观项目;2.现在已有较好的评阅作文的方法,单独使用作文形式也未尝不可;3.作文和客观测试项目都有可取之处,在条件允许时,可以同时采用两种形式。

争论的结果如何呢?仍然没有统一意见,但似乎中间派占了上风。从各种标准测试的总体设计来看,有的是客观项目与作文相结合,有的只用作文形式,但作文本身却改变了传统形式(即只给一个作文题目),而是有指导、有限制的作文,或给一篇文章让学生写综述。

11.2 写作测试的特点

我们常说,语言测试最好是考什么,就让考生做什么。要测量考生的写作能力,最好的办法就是让他亲自动手写一篇文章。我们把这种测试方法叫直接测试法。作为一种直接测试方式,写作测试的最大优点是效度高。为什么这样说呢？第一，写作测试是一门综合性测试，它不仅能考查考生的输出性技能（productive skill），同时也能考查考生的接收性技能（receptive skill）。第二，它能同时测试语言的各个层次和范畴。它不仅可以测试考生的词汇、用法、语法等语言要素，而且可以测验学生的组织能力、分析能力、表达能力、逻辑推理、对各种语体的掌握等。在小规模的测试（如硕士或博士招生考试）中，一篇作文或书评就足以看出考生的语言运用能力，比多项选择题可靠得多。

写作测试的弱点是信度低。写作测试属于主观测试，主观测试的评分无法客观化。比如对一篇作文的评分，10 位老师可能给出 10 个不同的分数。有时同一位评分员也无法做到评分标准始终如一。尽管人们想尽各种办法来克服评分中的不一致现象，但问题仍未彻底解决。评分无法客观化，测试信度难以保证。目前在我国的大规模测试中，写作一项常常由一位教师评分，而且要求他每天评阅 120 份作文。在这种情况，教师只好昧着良心瞎划一个分数，哪还有信度可言。

尽管如此，现代的语言测试中都要有一定的写作测试题目，主要是因为这种测试有着极好的反拨作用。写作测试作为一种行为测试（performance test），测量的是学生实际运用语言的能力，给教学带来的是非常积极的正面反拨作用。在我国，英语教学已经被客观试题冲击得不成样子。天天四项选择，许多人靠猜题过日子。有点写作测试无论如何是必要的。起码会逼着考生动动手，写几个英语句子，问问何时大写，何时小写，何时用句号，何时用逗号，一封信如何写，一份申请如何写等等。

11.3 写作测试的方式

需要指出的是，这里讨论的写作测试指外语写作测试，它与母语写作测试有相同的地方,又不同于母语的写作测试。Danialson (1965)根据外语学习的进程,把学生写的能力分为三个阶段。第一个阶段为初级阶段,以造句模仿为主,写作的重点是放在练习句子结构及词汇的正确使用上。第二个阶段为中级阶段,写作的重点从句子转向段落,学习句与句之间的连接,段与段之间的过渡等等,但仍以模仿为主要依据,同时考虑写作内容的贴切。第三阶段为高级阶段。这时写作进入自由表达阶段,以内容表达为主,语言形式的运用要服从内容表达的需要,因此,文章的结构、文体的运用、表达效果等成为衡量写作质量的重要标志。

同理,写作测试与写作学习的过程相适应。对不同层次的学生要设计不同的写作项目,不能千篇一律地都去写作文。试想,让一名学过两年英语的初中生用英语去谈论环境保护、人权、交通堵塞等是不现实的。

11.3.1 单句写作

写作涉及的方面很多:拼法、标点、大小写、都应包括在内;这里就不去一一讨论了。我们从测验单句写作谈起。单句写作当然是很基础的写作技能,比较简单;它在一定程度上是测试语法、句型和词汇。但是它有两个优点:一是它能测出作文测不出的问题(学生无法回避自己没掌握的结构或语句);二是评分容易,属于客观性测试。剑桥英语水平测试中用了三种方式,这里各举几个例子。

例1:

Finish each of the following sentences in such a way that it means exactly the same as the sentence printed before it.

1. Spending a day in the country is very relaxing.

It _____

2. There is no room on the bus.

   It _____

3. Martin's must have his hair cut.

   Martin's hair _____

4. He doesn't like dogs as much as his wife does.

   His wife likes _____

（注：设计特征是，原句和答案都是正确的，但答案比原句更常用，更符合习惯用法，因此略难一些。）

例2：

The words in capitals at the end of each of the following sentences can be used to form a word that fits suitably into the blank space. Fill each blank in this way.

1. Less public transport is now available because of the _____ of staff. SHORT

2. Therefore the roads become _____ with private cars as people drive to work. JAM

3. Because of the volume of traffic local councils are forced to give _____ for more roads to be built. PERMIT

（设计特点：考查词类转换，句子选自同一篇文章，有连贯性和语境。）

例3：

Make any necessary changes and additions to produce from the following eight series of words and phrases, eight correct sentence which together make a complete telephone call from Paul to Susan.

Note carefully from the example what kind of alterations, or additions, if any, need to be made, especially to the italized words.

Example: *be* /it /possible /speak /Mr Brown /please

Answer: Is it possible to speak to Mr. Brown, please?

1. Hullo / this / *be* / Pau. *be* / that / you / Susan
2. Susan / I / got / 2 tickets / pop / concert / tonight
3. Oh dear / you / not / *come* / you / *wash* / hair
4. You / not / *wash* / it / tomorrow
5. Good / I / meet / you / 7：00 / concert / hall
6. Yes. 7：00 / *be* / early / enough / concert / not / *start* /
   8：00
7. We / *eat* / *drink* / something / after / concert
8. Nor / *forget* / 7：00 / not / be / late / Good-bye

（设计特征：句子取自一篇完整的对话或短文；只提出每句的重要词汇，去掉冠词、介词，让考生看懂大概内容，找出适当的结构和时态，加上需要的小品词，写成完整的、连贯的句子。）

当然，测试单句写作还有许多其他办法，如测试从句的所指统一性（如 Someone was at the door................. was John!），测验连接句子的能力（The drowned man was given aritfitial expiration.............., it was too late. He was dead.）；让学生扩展句子（The driver and the passengers were lucky to be alive, the car..............）。

178

11.3.2 组句成章

会写单句还远远不够,还要会组句成章。组句成章就要会使用连接成分,会安排信息的次序,使文章行文自然,符合逻辑。测验这种能力的办法之一,就是拿一篇短文,把句子的顺序颠倒,让学生再调回去。这种方法比较有效,属客观性测试。可以让学生在左边的横线上用 a, b, c, d, 标出正确答案顺序;也可用多项选择的方式。例如:

_____ 1. At the sound of the bell we rushed to our places on the court.

_____ 2. During the game, Maria scored the most points.

_____ 3. What fun we had playing basketball!

_____ 4. We decided to play basketball after school.

A. 3-1-2-4   B. 3-4-1-2

C. 1-3-4-2   D. 4-1-2-3

还可以同时选三四篇内容相同、文字难易相近的文章,把每篇的第一句放在第一组,第二句放在第二组,直到决定要取的句数(如果取 10 句,就分 10 组)。让学生从每组中选出一句话,构成一篇文章,但不改变顺序。可以让学生只写出一篇,也可以要求三篇都写出来。这种形式也很有效,但设计起来麻烦一些。下面一例就是要求将三篇文章都写出来:

Write three different paragraphs in answer to the following questions: **How can we keep our teeth healthy.** *Each paragraph should consist of six sentences, and you must use only ONE sentence from each group in the same paragraph. (You must not change the order of the sentences.)*

1. Firstly, we should visit a dentist twice a year,
   A. so that our teeth can be checked regularly.
   B. but this is of little use unless we clean our teeth daily.
   C. although this is only one of the things we must do.
2. A. We should eat the kind of food that makes our teeth healthy.
   B. Such daily care of our teeth prevents food from sticking to them.
   C. He will control any tooth decay by filling the small holes in our teeth.
3. A. Moreover he will examine over teeth to ensure that they are growing in the right way.
   B. Milk, cheese, fish, brown bread, potatoes, red rice, raw vegetables and fresh fruit are good for them.
   C. It is advisable to brush our teeth with a toothbrush and toothpaste after breakfast and at bed-time.
4. A. However, chocolate, sweets, biscuits and cakes are bad, especially when we eat them between meals.
   B. Unfortunately, many people never visit a dentist until they have toothache.
   C. Although many people do this regularly, they do not know to clean them correctly.
5. A. In most cases they finish up by having their teeth extracted.
   B. The recommended way is to move the brush from the gum to the tip of the teeth.
   C. They stick to the teeth and cause delay.
6. A. We can also use wooden tooth picks to clean between the teeth after a meal.

B. Consequently, it is good to finish a meal with an apple as it helps to clean the teeth.

C. Then they have to wear false teeth while they are still young.

设计这种项目应考虑下面三点:1. 几篇文章主题相同,但是从不同的角度来分析问题;2. 每篇的所指(尤其是主语)应略有不同, 这是学生判断时的主要依据之一(如第 2 组中的 we, he, such daily care);3. 句子之间有些连接成分,帮助学生寻找句子之间的联系(如 Firstly, Moreover, However, Unfortunately, Consequently 等)。缺少这些特征会给学生造成混乱。

11.3.3 有指导的写作

真正测试学生的写作能力时,也很少用"自由写作"(free writing)的形式,而是用"有指导的写作"(guided writing),或叫"有控制的写作"(controlled writing)。大致方法是,提供参考材料,限制写作内容、段落、体裁(综述、书信、请柬等)、长度(大约词数)。指导和控制的方式很多。例如给学生一个故事,让他们变换人称改写故事。如果是说明文,可给出第一段,以下几段只给出一两句,让学生根据提示完成;要求根据第一段提出的各种观点,在下几段中进行合乎逻辑的发挥。

另一种限制是提供参考材料,让学生写综述性质的作文。素材可以是报刊文章、演说、会议发言、书信、对话等。可以想像,演说稿比较容易总结,会议记录和谈话比较困难。下面是英国剑桥水平测试练习题目(短文省略):

1. Take your information from the following talk given by a career officer to a comprehensive school, and write two paragraphs, in 175—200 words altogether, on "How to choose a satisfactory ca-

reer. " Explain in the first paragraph why it is important to enjoy your work, and in the second paragraph how to choose the right job.

2. Taking your information from the following newspaper article and write two paragraphs, in 175—200 words altogether, on "Let's talk about English foods. " Explain in the first paragraph why it is difficult for the foreigner to judge English food, and in the second paragraph where to find it and what to try.

应该说,这种写作任务仍不十分困难,因为详细内容可以在原文中找到, 而且可以借用原文的部分词汇和表达方式。如果对作文内容和形式只作大致限制,这些有利条件就不存在了。我国的英语水平测试中的写作部分就是如此:

Direction: *You are allowed* 30 *minutes for this section. Write* 100—150 *words. Remember to write clearly.*

Imagine that you have an opportunity to go to London for further education in a postgraduate school there. A good friend of yours has just returned from England. So you write a letter to him for information on

A. the flight;
B. the living and working conditions in London;
C. the climate.

You may include some other matter of interest to you if you wish. Be sure to make your letter a really personal one.

Direction: (略)

Suppose a foreign friend of yours has written to inquire about the possibility of making a seven-day tour in China. Write a reply to give him some information. Mention the following:

A. the places you recommend him to visit and the reasons;

B. the suggested route and the time-table of the tour;

C. some advice on how he should prepare for the tour;

D. what arrangements for him if he decides to come.

下面是"托福"考试中写作项目的一个例题：

Many people enjoy very active, physical recreation like sports, athletics, and exercise. Other people prefer to spend their leisure time participating in more intellectual activities like reading, listening to music, or going to see a film. Describe one or two benefits of physical pastime and one or two benefits of intelletual pastime. Compare the two ways of spending free time and explain which you think might be more useful to someone of your age.

时间限制为 30 分钟,字数 200—300。

11.3.4 写作测试中的文体测试

写作,除了要求用词正确、语句通顺、内容符合要求之外,还要求文体得当。这里所说的文体或语体,不是指小说、诗歌、政论等区别,而是说,写出的东西除了语法正确之外,还要符合设想的角色身份、关系,话题内容,口笔语的特征等。具体地说,文体测试是考查学生对正式体和非正式体的掌握。前面举的我国的英语水平测试中的写作题目,要求学生写私人信件,而不是代表某机关写公函。这就包含了文体要求。(顺便说几句,我国外语本科学生对语体的掌握不够理想。他们基本上只能用一种语体——比正式体随便、比非正式体正式的一种语体。让他们把同一封信写成正式体、非正式体、亲昵体三种形式恐怕是做不到的。)要做到会变换语体,就要掌握大量的词汇和句子结构,尤其是同义词的不同感情色彩。

目前,文体测试还刚刚发展,还没有被广泛采用。比较容易的语体
测试是让学生识别同义词在上下文中的得体性。如,让学生从括
号中的两个词或短语中选择比较得体的一个:

1. The two new senators have proved themselves exceptionally able (guys/men).
2. Poor Mr. Baker has been ill (the bulk of/the great part of) his life.
3. Because of his obvious sincerity and the direct appeal of his arguments, the mayor's proposals have (secured a good foothold in the eyes of the people/won the strong support of the people).

稍微难一些的题目是让学生识别语体错误,并改正过来。拿
一篇短文,让学生找出语体不妥的词或短语,并改成得体的词或短
语。例如:

The acquisition of a second language, either by everyday talk or by instruction, follows certain principles, which come from various properties of human language processing, from the learner's specific motivation, and finally, from the way in which examples of, or information about, the language to be learned are offered to the learner. The objective of second language acquisition studies is to dig out these principles.

Above and beyond the genuine interest which any human activity as common as learning and using a second language arouses, there are two reasons why the study of second language acquisition is an important and sometimes rewarding act. First, for foreign language teaching to be most effective, it must be tuned to the principles outlined above. To the extent to which we do not clearly know them, successful language teaching can only be a matter of practical experience, of individual gifts for methods. Second, the study of how the human mind builds up little bits of linguistic system from limited input, how it reorganizes them if new input can be got, and how it uses them for communicative purposes for which they may still not be enough, can tell us something about how human language processing works in general.

其中,either 应改为 be it, by everyday talk 应改为 by everyday communication, examples of 应改为 samples of, are offered 应改为 are made accessible, dig out 应改为 uncover, arouses 应改为 excites, rewarding act 应改为 rewarding enterprise, most effective 应改为 maximally effective, do not clearly know 应改为 do not explicitly know, can be got 应改为 becomes available, may still not be enough 应改为 may still be inadequate, works 最好改为 functions。

11.4 写作测试的命题要求

目前,语言测试从单纯追求考试信度过渡到了注重考试的效度。写作测试是一种高效度的语言测试手段。既然如此,我们就应该发挥其最大的效度优势。要做到这一点,在设计写作试题时,应注意下面几条原则:

第一,写作试题要有真实的情景,也就是考生现在或将来很有可能会遇到的情景。这条原则称作真实性原则,在讨论阅读和听力试题命题时曾经提出过。设计写作试题,同样也要遵循这条原则。因为只有试题的情景真实,才能测试我们所期望学生应掌握的写作技能。请看下页的例子。

这是剑桥商务英语证书考试中的一例写作试题,考生均为目前或将来打算从事商务工作的人士。针对这一受试群体,该写作题设计得非常好,无论是提供的材料还是题目的要求,真实性非常高,因为写商务信函可以说是从事商务工作的人士的日常工作。

这样的题目效度就会很高,因为它考了想考的东西。

第二,写作试题要保证以意义为测试焦点,而非语言形式。在写作测试方式一节中,我们曾提到了句子转换、组词成句等形式。虽然它们可以用来作为写作测试的题型,但并不是写作试题的全部。写作测试测量的是考生的"产生性运用技能"(productive skill),设计这类试题的一个重要原则就是要以测试信息的表达为目的,语言形式为第二位。

第三,试题的要求应该是互动性的行为。在现实生活中,人们

● **Read this letter from Ms Sano, a business club secretary.**

13 October 1997

Senator Barns

American Trade Centre

Dear Senator Barns,

I am the Secretary of the Small Businesses Club in our town. We would like to invite you to give a talk at our next meeting on 16 January. The meeting will start at 7: 30 pm. About fifty company directors are expected to attend.

I would be grateful if you could inform me whether you will be available on 16 January and which particular area of business you would prefer to talk about.

Yours sincerely,

Ms Yuho Sano,

Club Secretary

● **Write a reply to Ms Sano**：

☆ thanking her for the invitation

☆ agreeing to give the talk

☆ saying what you will talk about

☆ asking where the meeting will be.

● **Write 50—60 words.**

使用语言来进行交际时,是一个交互性的、动态的过程。我们很容易理解交谈是一种交互性的行为,因为它涉及说方和听方。写作同样也是一种交互性的行为,因为写出来的东西是让读者看的。这就意味着设计写作试题时,需要考虑到互动性这一特征。上面剑桥商务英语证书考试中的写作试题,设计的是要求考生答复一封来信,就很好地体现了互动性原则。

第四,设计题目的同时要考虑到评分的可靠性。我们都知道,保证写作评分的客观公正很不容易。这就要求在设计题目时想办法提高评分的信度。比如说可以采取下列措施来提高评分的信度:1. 把一个大题目分解成多个小题目;2. 题目的要求尽量明确;3. 对写作字数有一定的要求等。

11.5 写作测试的评分方法

现在讲讲写作测试的评分问题。写作的评分方法仍然处于探索阶段。除了客观性测试题目之外,不管作为哪一种作文方式,评起分来也是主观片面的。下面介绍几种流行的评定方法。

第一种是机械法(mechanical method),又叫计算错误法(error-count method)。数出文章中的错误,按错误数目扣分。例如语法错误 5 个扣 10 分,用词错误 2.5 个,扣 5 分,拼法错误 4 个,扣 8 分,剩下 77 分(百分制)。这种方法似乎公平,其实毛病很多。第一,错误性质不同,严重程度不同,扣同样的分数是不合理的。第二,即使硬性规定语法错误比拼法错误严重,要多扣一倍的分数,也是主观判断而已。这种方法致命的弱点是,它只注意文章的缺点,忽视了最根本的东西——思想表达,是否言之有物,是否达意,是否顺畅。因此,它容易束缚学生的创造力,迫使他们过分谨慎,难以提高写作水平。

第二种是印象法(impression method),即评卷人根据自己对文章的总体印象给文章打一个总分。一个人的印象无论如何是不足为凭的,它可以受到疲倦、粗心大意、个人情绪、偏见和成见的影响。因此,一般以三四人为好,这叫多人评定法(multiple-marking)。对评分人要进行训练(如讲清楚各个层次上的标准,再一起分析几篇不同水平的作文),提高判断能力,掌握统一标准。评定时要定额,比如每小时阅读 5 篇。印象必须纯属印象。一旦阅读速度减慢,必须休息 10 分钟。疲倦后的印象是靠不住的。实践证明,印象法比机械和分析法都省时间,尽管三四个人读同样的文章。实践还证明,三个人的印象比一个人的分析更可靠些。

第三种是分析法(analytical method)。日常教学中,教师不大可能找到三四个同事帮助改作业,而是自己使用分析法,把一篇作文分成若干项目,按照事先集体规定的评分标准,对每项分别评分,最后统计总分数。如用 25 分制:

	5	4	3	2	1	总分
语法		4				18
词汇	5					
标点、拼写			3			
行文				2		
切题		4				

不论用哪一种评分方法,最好设一两个巡视检查人员,随意抽

188

查某一个评分员，看其是否评分忽高忽低。一个人的评分始终偏高或偏低，问题倒不严重，只要他自己坚持一个标准，最后可以校正过来。最可怕的是忽高忽低，看不出评分的标准，也无法校正。

第十二章 现代测试中听写和 翻译的设计

听写和翻译已有悠久的历史,既是教学手段,又是测试手段。近二十年来,听写和翻译在西方成了最有争议的测试形式,在大规模的标准化测试中已属鲜见,但在我国仍是课堂测验中经常出现的项目。到底这两种形式的信度和效度如何,是值得我们研究的课题。

12.1 关于听写的两派意见

20 世纪 40 年代以前,听写一直被用作测试或教学的手段。到了 50、60 年代,随着分立式语言测试方法的流行,听写被打入冷宫。以 Lado 为代表的一些语言测试专家认为,这种测试手段既不完全测语音,又不完全测听力理解,只不过是测试单词的拼写。由于听写测试面较广,不能有效地测出任何一种语言技能。70 年代,Oller 等人提出了整体语言能力假说(hypothesis of unitary competence),并经过许多研究发现,以听写、完形填空为代表的综合测试手段能更好地测量出学生的真实语言水平。因此,听写作为一种测试手段又重新得到了人们的重视。

听写能否用于测试,一直存在着争议,形成了两派意见。一派认为听写一无是处,应该坚决放弃;另一派认为,如果没有时间设计其他形式的测试,一篇听写几乎可以说明一切问题。

反对派的理由可归纳为两种。首先,听写不能确切地测验任何语言现象和技能。词序已经提供,词汇也给了,所以测不着什么东西。听写也测不着对发音的听觉感知,因为许多词可从上下文识别出来;听写一般读得很慢,不至于听错。其次,作为测试手段听写既不经济,又不准确。不经济是指使用起来不方便,需要有人读或放录音。不准确是指不知道听写测的是哪种语言要素或哪种语言的技能。如果一字错了,是拼法的呢,还是没有听懂,一概无法判断。有人说,这几种可能同时存在,所以听写实际上测验了语言的一切要素和技能。因为听写的东西太多所以不能评估任何单项技能。

上面讲的最后一种反对意见含着另一方面的道理,就是如何评分。听写的评分又难又易。说容易,是因为可以按写错的字数扣分,极为方便。说难,是因为按错字扣分不公平,信度很差。有的错误纯属拼法错,理应少扣分;有的错误显然是理解错或语法错,理应多扣分。不问错误的性质的评分方法,不能反映出学生的语言水平。

听写的提倡派认为,听写大有可取之处。他们认为,听写不能测量任何语言水平的说法是站不住脚的。设想,让一个不懂汉语的人听一段汉语(用音标记下即可),他必然束手无策。这本身就说明,听写就能测量语言水平。说什么听写中的词汇、词序等都提供了,也不能成立。教师都有这样的经验:学生写下的词根本不是教师读出的词,把 eloquence 写成 elequants,elephants,elekvans,这决不是拼法错。若写成 elequance 或 eloguense 可以算拼法错。把 of the period 写成 of appearance,把 just injustice 写成 less than justice,lasting justice,last injustice 等,也就不是拼法错了。词序也大有问题。学生把 to find practical means of feeding people better 写成 to find particle man living better。这些问题,既不是拼法错、词序问题,也不是短期记忆问题(因为他记下了许多词),而是语言水平低、理解能力差——学生没有消化所听到的语言。

所以,有人说听写是综合性的语用测试,能测验学生的词汇量、句法、听力、理解等多方面的要素和技能。比如，熟悉听写中词汇的人，听不懂的可能性就小。听力好，不只是记住零散的短语。语法好的人不仅理解好，而且写的时候根据语法知识可以自己纠正听错的地方。理解了的东西，不用死记。一旦理解，就会产生大量的冗余信息，不至于出现上述与文章风马牛不相及的错误。还有，听写测的是语篇层次（discoursal level）上的能力。也就是说，听写考得好，就等于在正常语言交往中有足够的交际能力。有人做过实验，听写与其他标准测试的相关系数为 0.85，其信度和效度都达到 0.7—0.8 左右（最高为 1.00）。

事实上，有许多人把听写当作测试使用，并根据测试结果作出大量的决定。例如测验外国学生能否跟上大学课程，就可拿授课讲义中的一段，按照正常的讲课速度读给学生，让他们听写下来，按照听写成绩决定是否录取，或编入哪个进度的班级。据说，这种测试还有其他好处。第一，对本族语言学生和外国学生同样公平。原因是，语音、词汇或语法等单项测验对本族学生有利，而在听写中，他们的错误虽然少些（据说，美国学生的拼法和语法相当差，因为他们写字越来越少，都在打电话；最近又在网上漫游；用电子邮件也是电报式英语），但与非本族语学生的错误性质是一样的。第二，听写还常用来测量对某种学科知识的掌握。拿一段关于某种学科知识的材料，按正常速度读给学生。不熟悉这门学科的人很难记下什么东西。熟悉这门学科的人则不感到有什么困难。第三，还有人用听写来评估语言教材的难度。做法很简单：取一篇准备采用的课文作听写。大部分学生都能写出 80% 左右，说明教材偏容易，大部分学生只是做对 20% 左右，说明教材偏难。应该根据教学目的的进度，适当调整教材的难度。

12.2 听写的几种形式

上面提到,听写在我国课堂教学和测验中经常使用。人们喜欢使用这种方法,第一是因为材料好准备,如可以从课文、报纸或杂志等上面找来一篇短文,或长或短,只要难度还合适,拿来就可进行听写。第二,听写方式灵活。讲课前、讲课中或讲课后都可抽出几分钟进行听写。第三,听写还可以使学生安静下来,利于教学。把所学课文写成 300 字的摘要拿出来作听写,非常受学生欢迎。下面我们谈谈听写的几种形式。

第一种是标准听写(standard dictation)。多数课堂教学或测试均采用这种形式。听写的内容可由教师朗读出来或事先录制在磁带上播放出来,要求考生根据所听的内容准确地写出原文。朗读速度不要过慢,停顿以意群为最小单位,一般读两遍,也有时读三遍。

第二种是部分听写(partial dictation)。部分听写是给学生印好的材料,材料上的许多词、短语或句子已被去掉,然后把全文读给学生听,让他们把去掉的部分填充上去。这种听写因有上下文提示,所以比较容易。

干扰听写(dictation with interfering noise)是把听写材料制成录音时加上一些噪音干扰(有规律或无规律的噪音),以增加听写材料的真实感。这种听写方式要难一些。这种形式的理论根据有些像完形测试,只不过不是视觉材料,而是听觉材料而已。

听写作文(dictation/composition)是指让学生听一两遍朗读的材料,然后要求他们准确地写下刚刚听到的东西。这种方法既测听力和理解,又测记忆和写作;但评分十分困难,需要制订详细的评分标准。

还有一种听写叫复述听写(elicited imitation),即考生在听了一段材料后,用原话或用自己的话写下所听过的内容。这种测试方式主要是测听力理解,但评分也比较困难。

12.3 听写的设计与实施

在设计听写测试时,首先碰到的问题是选材。关于听写材料的长度和难度,都没有硬性规定。当然,太短(如只是四五句)达不到目的;过长会把学生累坏了,到后半部分就不可靠了。文字本身容易,读的时候停顿少些;文字较难时,中间停顿可多些。听写测验一般读两三遍。第一遍用正常速度(每分钟 160—170 个词)通读全文,学生不写。第二遍还用正常速度,但加上停顿,学生一句一句地写下来。第三遍还是通读,让学生检查自己的错误。在什么地方停顿和停顿多长时间都应事先决定。两次停顿之间必须是在自然界限上(即不要打断一个短语或意群),最好是在逗号或句号上。既然听写的根本目的不考学生写字的速度,停顿时间不应过短,让学生有足够的时间写下听到的句子。有人建议,停顿时间相当于把刚刚读过的句子的字母默拼两遍,如果刚读完 when we shook hands I was conscious of his firm grip,就把这里的全部字母默读两遍:w-h-e-n-w-e-s-h-o-o-k..., w-h-e-n-w-e-s-h-o-o-k...。标点符号一般都读出来,并且事先告诉学生不要拼写出标点符号用词。听写之前,可有这样一段文字说明:

This is a test of your ability to comprehend and write orally presented material. It is a dictation task. You will hear a paragraph read aloud three times. The first time it will be read at a conversational speed. Just listen and try to understand as much as you can. The second time the passage will be read with pauses for you to write down what you hear. Marks of punctuation will be given wherever they occur. Then you hear the word "period" at the end of a sentence, put a period(.)at that point in the paragraph. Do not write out P-E-R-I-O-D. Other marks of punctuation that will be given are "comma" (,) and "semicolon" (;). The third time you will hear the same paragraph without pauses while you check what you have written down. You should write exactly what you hear.

听写读几遍,并没有统一规定。每多读一遍,测试就容易几分。但是,读一遍和读三遍学生所得分数的差异基本相同(好的还是好,差的还是差的,只不过听三遍的平均成绩高于听一遍的平均成绩)。如果文字不难,可只读两遍(头两遍)。如果把听写当做听力测试,可只读一遍(带停顿的一遍)。

12.4 听写的评分

听写如何评分呢? 有人主张,听写的拼法错不应该算错,也不扣分。英语的拼法很难,容易拼错;而且有的音不易区别,拼错几个字在所难免。像下面的例子,就属于拼法和语音上的错,不应扣分:

正确拼法	拼法错误	语音上的错误
Will Rogers	Will Rodgers	Bill Rogers
father's	fathers	fathers's, father
all day	al day	hole day, whole day
noticed	notest	notice
ranch	rannch	ransh, range
suitcase	suitecase	suitscase

wrong	rong	long
right	wright	light
military	militery	emelitery

当然,有时很难决定一种形式是拼法错还是其他错误。不过拼写错不扣分的根本理由是:拼写错与其他类型的错误之间没有相关关系。1971 年美国加州有人在 145 人中做过实验,发现拼法与其他技能不相关,听写与其他技能的相关系数很高(见下页表)。

这个表说明,两项拼法测试的相关系数为 0.55,不是偶然因素造成的。而听写与拼法的相关系数是 0.06 和 0.03,没有意义。再看,听写 2 与词汇测试的相关系数为 0.71,与语法填空的相关系数为 0.64,与语法顺序的相关系数为 0.61 与阅读的相关系数为 0.68,两项听写之间的相关系数为 0.68,都是有意义的。拼法错误要是一分不扣,可能也会引起教师的争论,通讯工具的发达,使全世界的学生忽视文字的书写。不论哪种语言,教师都抱怨儿童拼写太差。考试中,拼写应该给一定的比例。

	词汇	语法填空	语法顺序	阅读	听写 1	听写 2	拼写 1	拼写 2
词汇	1.00	0.71	0.64	0.85	0.47	0.71	0.08	0.04
语法填空		1.00	0.79	0.75	0.69	0.64	0.04	0.08
语法顺序			1.00	0.73	0.61	0.61	0.08	0.01
阅读				1.00	0.47	0.68	0.06	0.03
听写 1					1.00	0.68	0.06	0.03
听写 2						1.00	0.06	0.03
拼写 1							1.00	0.55
拼写 2								1.00

注:这个表这样读:任意找横栏的一项,如"阅读",再任意找竖栏中的一项,如"语法顺序",然后顺着这两项的系数往下和往右看,直到两行系数交叉为止,这时找到 0.73。至于 7 个 1.00,那都是本项(如词汇)与本项的相关系数,当然是最高的。

不记拼法错,那该如何评分呢? 全文有多少字就算多少分,然后每出现一个错,扣去一分。错误分以下四种情况:丢字(deletion),形式歪曲(distortion of form),语序歪曲(distortion of sequences),加字(intrusion)。其中,形式歪曲最不好定,举两个例子说明(斜体词是形式歪曲):

原文:

Will Rogers grew up in the western part of the United States, He was a real cowboy, riding horses around his father's ranch all day.

错句:

Will Rogers *grow up*... He was a real cowboy, *reading* horses *in* his *father* ranch all day.

四种错误的共同特点是不同于原文的意思,也就是没有听懂原文。凡是与原文意思有出入的,即可计错误一个。

12.5 翻译

现在,翻译很少用于测试,像国际性的标准测试不可能采用翻译形式,因为没有共同的母语。翻译如此"失宠"有许多原因。其一是,由于五六十年代听说教学法的广泛采用,许多人把"母语不许进入课堂"当成"圣旨"。他们认为,让学生使用母语对外语学习百害无一利(如本族语系统的干扰、不能用外语思维、说起话来要借于本民族语的翻译等),于是翻译不再是教学手段,自然也不再是测试手段。原因之二是,翻译本身是项高级技能,不仅需要对目的语(target language)掌握要好,对母语水平的要求也很高,具有初级或中级外语水平的人实际上没有能力把目的语译成母语,更没有能力把母语译成目的语。原因之三,让初学者做翻译练习大都是教师事先设计的、不自然的句子或短文,让学生去硬套课上学过的词汇和句型。翻译要测的项目,其他形式同样能测,而且测得更好。最后,翻译是主观测试,不易评分。

的确,翻译是一门科学,又是一种艺术,本身就是再创作的过程。翻译对译者的要求比许多人想像的高得多。抛开语言不讲,丰富的知识、语体的选择、文化差异、价值观念、原文的"神态"等,都是翻译工作者经常叫苦连天的问题。无需举更复杂的例子,试把"警察叔叔"译成英语,让外国人读读是什么滋味;不了解中国文化的英美人读到 uncle policeman 会有"文化休克"(cultural shock)之感。

那么,翻译到底用不用? 国际语言测试不会采用。对同一母语的考生,用一部分翻译项目也无可非议。翻译似乎在最近 10 年里又有所抬头,主要原因是客观题目太多,天天让考生划 ABCD,从不动手写几个外语字,所以翻译重登大雅之堂。翻译项目大致可分为两大类,一是考语言项目的,如考过去完成时、虚拟语气,或考动词短语(run out, break out, wipe out 等)。这一类多为单句翻译,考试重点明确。有些题型,甚至干脆把句子的其余部分给出外语,只留不考试的重点部分。如:

1. I _____(碰巧没在家)when the _____(失火时).
2. There is _____(电冰箱坏了). I must have _____(把它修好).
3. We _____(高兴地听到)all the school teachers in our country would _____(提高工资).

为了评分容易,下面的翻译题已经客观化了:

1. 他这时穷得不得不卖掉他机器上的一些零件。

   He was (a) (b) by now (c) he even had to sell some parts of

his set.

a. ＿＿＿＿

b. ＿＿＿＿

c. ＿＿＿＿

2. 解放前他连自己的生活都难以维持,更不用说养家糊口了。

Before liberation he could barely keep（a）（b）（c）together,
let alone supporting his family.

a. ＿＿＿＿

b. ＿＿＿＿

c. ＿＿＿＿

3. 即使当时他得到了及时的救助,他的生命也无法挽救。

Nothing（a）（b）（c）him even if he had been tended without
delay.

a. ＿＿＿＿

b. ＿＿＿＿

c. ＿＿＿＿

这最后三道题还算不算翻译,已经很难说了,与填空差不多,
但比填空容易,因为内容已经用汉语提供了。

第二种翻译是高级翻译,不再是考什么句型、词汇等,而是综
合运用语言的能力。

到了本科高年级,先设翻译课,比较系统地讲解翻译理论和技
巧之后,经过多次练习,再出现翻译测试。这时,汉译英的材料必
须是出版物上选来的自然的汉语,决不用修改过的文章。英译汉
的材料必须是从英语原著选来的、未经简化的文字。汉译英测试
学生的英语水平和运用能力,英译汉测试学生的理解能力和汉语
表达能力。要求用词正确,语法平稳,逐渐要求语言顺畅,结构简
洁,富有表达力,而且要求文体得当,达到"传神"的地步。这时的
翻译测试已不再纯属语言测试,而是文化素养测试的一部分。

下面是张培基先生翻译的朱自清(1898—1948)先生的短文《背影》。讲的是家庭琐事,既无惊人之语,也无浓词艳语,但叫人荡气回肠。译者也已尽了全部力量保持原作语言的质朴和深厚的感情。读其中的任何两段,就能体会到一篇好的译文渗透出译者多么深厚的文化素养。

背　影
朱 自 清

　　我与父亲不相见已二年余了,我最不能忘记的是他的背影。那年冬天,祖母死了,父亲的差使也交卸了,正是祸不单行的日子。我从北京到徐州,打算跟父亲奔丧回家。到徐州见着父亲,看见满院狼藉的东西,又想起祖母,不禁簌簌地流下眼泪。父亲说,"事已如此,不必难过,好在天无绝人之路!"

　　回家变卖典质,父亲还了亏空;又借钱办了丧事。这些日子,家中光景很是惨淡,一半为了丧事,一半为了父亲赋闲。丧事完毕,父亲要到南京谋事,我也要回北京念书,我们便同行。

　　到南京时,有朋友约去游逛,勾留了一日;第二日上午便须渡江到浦口,下午上车北去。父亲因为事忙,本已说定不送我,叫旅馆里一个熟识的茶房陪我同去。他再三嘱咐茶房,甚是仔细。但他终于不放心,怕茶房不妥贴;颇踌躇了一会。其实我那年已二十岁,北京已来往过两三次,是没有甚么要紧的了。他踌躇了一会,终于决定还是自己送我去。我两三回劝他不必去[1];他只说,"不要紧,他们去不好!"

　　我们过了江,进了车站。我买票,他忙着照看行李。行李太多了,得向脚夫行些小费[2],才可过去。他便又忙着和他们讲价钱。我那时真是聪明过分[3],总觉他说话不大漂亮[4],非自己插嘴不可。但他终于讲定了价钱;就送我上车。他给我拣定了靠车门的一张椅子;我将他给我做的紫毛大衣铺好坐位。他嘱我路上小心,夜里要警醒些,不要受凉。又嘱托茶房好好照应我。我心里暗笑他的迂⁵;他们只认得钱,托他们直是白托! 而且我这样大年纪的人,难道还不能料理自己么? 唉,我现在想想,那时真是太聪明了!⁶

我说道,"爸爸,你走吧。"他望车外看了看,说,"我买几个橘子去。你就在此地,不要走动。"我看那边月台的栅栏外有几个卖东西的等着顾客。走到那边月台,须穿过铁道,须跳下去又爬上去。父亲是一个胖子,走过去自然要费事些。我本来要去的,他不肯,只好让他去。我看见他戴着黑布小帽,穿着黑布大马褂⁷,深青布棉袍,蹒跚地走到铁道边,慢慢探身下去,尚不大难。可是他穿过铁道,要爬上那边月台,就不容易了。他用两手攀着上面,两脚再向上缩;他肥胖的身子向左微倾,显出努力的样子。这时我看见他的背影,我的泪很快地流下来了。我赶紧拭干了泪,怕他看见,也怕别人看见。我再向外看时,他已抱了朱红的橘子望回走了。过铁道时,他先将橘子散放在地上,自己慢慢爬下,再抱起橘子走。到这边时,我赶紧去搀他。他和我走到车上,将橘子一股脑儿放在我的皮大衣上。于是扑扑衣上的泥土,心里很轻松似的,过一会说,"我走了;到那边来信!"我望着他走出去。他走了几步,回过头看见我,说,"进去吧,里边没人。"⁸等他的背影混入来来往往的人里,再找不着了,我便进来坐下,我的眼泪又来了。

近几年来,父亲和我都是东奔西走⁹,家中光景是一日不如一日。他少年出外谋生,独力支持,做了许多大事。那知老境却如此颓唐! 他触目伤怀,自然情不能自己¹⁰。情郁于中,自然要发之于外;家庭琐屑便往往触他之怒。他待我渐渐不同往日¹¹。但最近两年的不见,他终于忘却我的不好,只是惦记着我,惦记着我的儿子。我北来后,他写了一信给我,信中说道,"我身体平安,惟膀子疼痛利害,举箸提笔,诸多不便,大约大去¹²之期不远矣。"我读到此处,在晶莹的泪光中,又看见那肥胖的、青布棉袍、黑布马褂的背影。唉! 我不知何时再能与他相见!

注释

1. "我两三回劝他不必去"译为 I repeatedly tried to talk him out of it, 比 I repeatedly tried to dissuade him from accompanying me to the station 通俗简洁。

2. "小费"在这里不指规定的价格之外另给的"赏金",不能用 tip 表达,现译为 fee。

3. "我那时真是聪明过分"中的"聪明"是反话,现全句译为 I was then such a smart aleck, 其中 smart aleck 意即"自以为是的人"或"自以为样样懂的人"。

4. "总觉得他说话不大漂亮"意即嫌父亲不会讲价钱,现全句译为 I frowned upon the way father was haggling, 其中 frowned upon 作"表示不赞同"解。

5. "迂"在这里作"不切实际"或"没有见识"解,现结合上下文译为 impractical。

6. "那时真是太聪明了!"也是反语,现译为 how smarty I was in those days, 其中 smarty 和 smarty aleck 同义。

7. "马褂"为旧时男子穿在长袍外的对襟短褂,通常译为 mandarin jacket。

8. "里边没人"不宜按字面直译,现意译为 Don't leave your things alone。

9. "父亲和我都是东奔西走"不宜按字面直译,现意译为 both father and I have been living an unsettled life。

10. "他触目伤怀,自然情不能自己"意即"他看家庭败落,心里极度悲伤",现译为 The sad state of affairs of the family drove him to utter despair。

11. "他待我渐渐不同往日"意即"他待我渐渐不如过去那么好",故译为 he became less and less nice with me。

12. "大去"为旧时用语,意即"与世长辞",现译为 depart this life。

The Sight of Father's Back

Zhu Ziqing

Translated by Zhang Peiji

It is more than two years I last saw father, and what I can never forget is the sight of his back. Misfortunes never come singly. In the winter of more than two years ago, grandma died and father lost his job. I left Beijing for Xuzhou to join father in hastening home to attend grandma's funeral. When I met father in Xuzhou, the sight of the disorderly mess in our courtyard and the thought of gradma started tears trickling down my cheeks. Father said, "Now that things've come to such a pass, it's no use crying. Fortunately, Heaven always leaves one a way out."

Father paid off debts selling or pawing things. He also borrowed money to meet the funeral expenses. Between grandma's funeral and father's unemployment, our family was then in reduced circumstances. After the funeral was over, father was to go to Nanjing to look for a job and I was to return to Beijing to study, so we started out together.

I spent the first day in Nanjing strolling about with some friends at their invitation. I was ferrying across the Yangtse River to Pukou the next morning and thence taking a train for Beijing on the afternoon of the same day. Father said he was too busy to go and see me off at the railway station, but would ask a hotel waiter that he knew to accompany me there instead. He urged the waiter again and again to take good care of me, but still did not quite trust him. He hesitated for quite a while about what to do. As a matter of fact, nothing would matter at all because I was then twenty and had already traveled on the Beijing-Pukou Railway a couple of times. After some wavering, father finally decided that he himself would accompany me to the station. I repeatedly tried to talk him out of it, but he only said, "Never mind! It won't do to trust guys like those hotel boys!"

We entered the railway station after crossing the River. While I was at the booking office buying a ticket, father saw to my luggage. There was quite a bit of luggage and he had to bargain with the porter over the fee. I was then such a smart aleck that I frowned upon the way father was haggling and was on the verge of chipping in a few words when the bargain was finally clinched. Getting on the train with me, father picked me a seat close to the carriage door. I spread on the seat the brownish fur-lined overcoat father had got tailor made for me. He told me to be watchful on the way and be careful not to catch cold at night. He also asked the train attendants to take good care of me. I sniggered at father for being so impractical, for it was utterly useless to entrust me to those attendants, who cared for nothing but money. Besides, it was certainly no problem for a person of my age to look after himself. Oh, when I come to think of it, I can see how smarty I was in those days!

I said, "Dad, you might leave now." But he looked out of the window and said, "I'm going to buy you some tangerines. You just stay here. Don't move around." I caught sight of several vendors waiting for customers outside the railings beyond a platform. But to reach that platform would require crossing the railway track and doing some climbing up and down. That would be a strenuous job for father who was fat. I wanted to do all that myself, but he stopped me, so I could do nothing but let him go. I watched him hobble towards the railway track in his black skullcap, black cloth mandarin jacket and dark blue cotton-padded cloth long gown. He had little trouble climbing down beside the railway track, but it was a lot more difficult for him to climb up that platform after crossing the railway track. His hands held onto the upper part of the platform, his legs huddled up and his corpulent body tipped slightly towards the left, obviously making an enormous exertion. While I was watching him from behind, tears gushed from my eyes. I quietly wiped them away lest he or others should catch me crying. The next moment when I looked out of the window again, father was already on the way back, holding bright red tangerines in both hands. In crossing the railway track, he first put the tangerines on the ground, climbed down slowly and then picked them up again. When he came near the train, I hurried out to help him by the hand. After boarding

204

the train with me, he laid all the tangerines on my overcoat, and patting the dirt off his clothes, he looked somewhat relieved and said after a while, "I must be going now. Don't forget to write me from Beijing!" I gazed after his back retreating out of the carriage. After a few steps, he looked back at me and said, "Go back to your seat. Don't leave your things alone." I, however, did not go back to my seat until his figure was lost among crowds of people hurrying to and for and no longer visible. My eyes were again wet with tears.

In recent years, both father and I have been living an unsettled life, and the circumstances of our family going from bad to worse. Father left home to seek a livelihood when young and did achieve quite a few things all on his own. To think that he should now be so downcast in old age! The sad state of affairs of the family drove him to utter despair, and his pent-up emotion had to find a vent. That is why even mere domestic trivialities often provoked his anger, and he became less and less nice with me. However, the separation of the last two years has made him more forgiving towards me. He keeps thinking about me and my son. After I arrived in Beijing, he wrote me a letter, in which he says, "I'm all right except for a severe pain in my arm. I even have trouble using chopsticks or writing brushes. Perhaps it won't be long now before I depart this life." Through the glistening tears which the words had brought to my eyes, I again saw the back of father's corpulent form in the dark blue cotton-padded cloth long gown and the black cloth mandarin jacket. Oh, how I long to see him again!

第十三章 如何评判测试的质量

前面几章我们介绍了如何测试各种语言技能,如何设计各种测试题目。一套试卷设计好了,并且付诸实施之后,怎样才能知道这份试卷的质量如何呢?它符合不符合语言测试的要求呢?这就需要对试卷的质量进行评估、检验。评估的主要的标准是什么呢?一般要看它的效度(validity)、信度(reliability)、难度(power 或 difficulty)、区分度(discrimination)、实用性(practicality)及后效作用(backwash effect)。

13.1 效度

效度,又称有效性,它是指一套测试所考的是否就是设计人想要考的内容,或者说,在多大程度上考了想要考的。效度的高低是衡量语言测试最重要的指标,或者说是语言测试的基本出发点,一项效度很低的语言测试是没有意义的。

举例来说,国外某次大学入学考试中一个测验写作能力的题目是:Is photography an art or science? Discuss. 这种题目是无效的,因为它要求学生首先懂得摄影,才有写作而言,因此只能对个别学生有利。题目太难也达不到测试的目的。如给高中毕业生或本科一年级学生出这样的题目:

"The mind is in its own place, and itself
Can make a Heaven of Hell, a Hell of Heaven."

(Milton) Discuss.

学生不知道 Milton 是何许人,也看不懂他的哲理深奥的诗句,如何进行评论呢? 学生写不出(或说不出)任何东西,其语言水平当然就无法测量。此外,如果考试的方式不对头,也达不到测试的目的。如下面的词汇题:

Use the following words in sentences: **courageous**, **choosy**, **acceptable**, **complicated**, *etc.*

A. John is a very courageous boy.

B. John, the captain of our team, is courageous.

C. I have a courageous father.

三个答案都不能说明学生懂得 courageous 的意思和用法。相反,如果把题目变成:

In each of the following sentences there is a blank space. After each sentence there are four words. Choose the one word that, if put in the blank space, best completes the sentence.

1. To jump into an icy sea to save someone from drowning is a very _____ act.

    A. manful   B. courageous

    C. brave   D. fearless

2. My sister is always afraid of our little dog; she is not a very _____ girl.

    A. bold   B. adventurous

    C. brave   D. courageous

这样就可以立刻测试学生是否懂得 courageous 一词。

需要指出的是,语言测试的效度是一个相对的概念。某一测试对于某一目的是有效的,而用于另一目的就未必有效。举例来讲,把剑桥的商务英语证书考试用来测试在校大学生的英语水平效度就比较低,因为学生平时接触的并不是商务环境下使用的英语。一次测试的效度如何,我们可以从以下几个不同方面去说明、验证。

13.1.1 内容效度(content validity)

内容效度指测试是否考了考试大纲规定要考的,或者说考试的题目在多大程度上能代表它所要测量的目标。为了检验一次测试的内容效度,可根据考试大纲从三个方面进行判断:1. 测试的内容是否和测试目标有关;2. 测试内容(试题)是否具有代表性;3. 测试内容是否适合测试对象。第一点很好理解。比如说,我们要测试考生的写作能力,如果考试中没有写作题目,只有阅读题目,这种试卷就不符合内容效度的第一条要求。测试内容是否具有代表性是指考试题目取样的代表性如何。我们知道,语言能力是一个抽象的概念,是无形的,无法直接测量,只能测量其有形表现,或者说是它的表征(manifestation),然后再对能力作出推论。如要测量某一考生的词汇能力,不可能把他学过的所有的词都拿来考一遍,只能从中抽取一部分作为样本来测;这个样本的代表性如何,直接影响测试效度的高低。对于样本的代表性可以从这个角度来理解,即样本是否全面地、充分地体现了要考查的全部内容,也就是说试卷中是否有足够的题目去体现所要考的各方面的内容。如果要考某人的语言能力而只让考生写篇作文,这样的题目就很难说具有充分性和全面性。测试内容是否适合测试对象这一点也很容易理解,也就是说题目既不能太难,也不能太易。如果考生把全

208

部题目答对,你就不知道他不能做对什么样的题目;如果考生把全部题目答错,你同样也不知道他能做对什么样的题目。

那么,如何保证测试内容的高效度呢? 第一,命题前要根据考试大纲、教学内容和教学目标,拟订好考试的内容,并一一罗列出来,这个内容细目表定的越详细、越明确越好,然后再按照这个表去编制具体的题目。第二,题目编好后,要请有经验的老师或专家审定,这样就可以保证测试内容的全面、合理。

13.1.2 结构效度(construct validity)

结构效度指测试是否以有效的语言观(包括语言学习观和语言运用观)为依据。注意,这里的结构不是指试卷的结构或题目的编排,而是指整个考试的理论基础。一项测试的结构效度的高低是指考试的结果能在多大程度上解释人的语言能力及与语言能力有关的心理特征。如果测试的所测的东西与考试的原则或理论相吻合,那么,这个测试的结构效度就很好。如,按照 Bachman 的理论模式,一个人的语言交际能力由语言能力、策略能力和心理生理机制三部分组成。如果我们依据这一理论模式来编制一份语言测试试卷,设计题目时不仅要考虑到这些方面,考完后还要验证所测得的东西是否与该理论模式对语言交际能力的要求相符。

测定结构信度的方法比较复杂,手段也比较多。一般采用因素分析的方法对测试结果进行分析。

13.1.3 预测效度(predictive validity)

预测效度涉及测试的预测能力,即测试结果到底在多大程度上能够预测出某些将来会发生的可能性,或者说对考生未来的行为作出的预测性的程度有多高。我们常用考试来作出某种决策,如选拔某些人出国学习,选拔考生进入高校读大学等。这时我们关心的是考试是否真的选拔了该选拔的考生？选错了没有？漏选了没有？预测效度一般是拿一次测试的结果同后来的测试结果进行比较，看看两者是否具有相关性。例如，一组学生今年考了我们自己设计的测试，明年又考了"托福"测试，如果这两次得分情况相关系数很高，说明我们自己设计的试题有较好的预测效度。（这是假设人们公认"托福"的效度很高。）

13.1.4 共时效度（concurrent validity）

共时效度是将一次测试的结果同另一次同时或时间相近的测试的结果相比较，或同教师对学生的评估相比较而得出的系数。例如，一组学生刚刚考过大学英语四级考试，接着又考我们自己设计的一套题目，如果得分情况相似，那么我们自己设计的测试就有较高的共时效度。（这是我们假设全国的四级考试效度很高。）

共时效度与预测效度差不多，都是把考试分数和一定的效标相比较，因而称为效标关联效度。两者不同之处在于它们体现不同的考试目的。共时效度说明考试是否能判断考生语言能力的当前现状；预测效度说明考试是否能预测考生语言能力将来的发展。一个是诊断现在，一个是预测将来。

语言测试的种类不同，对各种效度的要求也不同。语言潜能测试多基于某种语言学习理论，因此重视结构效度。水平测试强调有共时效度和预测效度。成绩测试和诊断测试受教学大纲的限制，因此首先要看内容效度。

13.2 信度

语言测试的信度是指考试结果的可靠性和稳定性。换句话说，拿同一份试卷对同一组学生实施两次或多次测试，如果结果很一致,那就说明该测试的信度较高。这种信度实际上有两层意思:有不同的评卷人阅卷,所得分数大致相同;同一个评卷人在不同的时间阅卷,分数也大致相同。

信度通常以两次测试结果的相关系数来表示,这个相关系数称为信度系数(coefficient of reliability)。相关程度越高,信度也越高。

那么,如何验证测试的信度呢? 检验测试信度的方法有多种,常见的有这么几种。第一,考后复考法(test retest method)。即用同一套试题,在考后较短时间内对同一组学生再考一次,然后将两次测试考生的分数排序,计算其相关性,以验证考试的信度。采用这种方法有一定的问题。如果两次测试距离时间太近,考生对第一次测试的情况还有一定的记忆,会提高第二次测试的解题能力,从而影响测试结果的稳定性。如果两次测试间隔时间太长,考生的水平提高了,也会影响测试结果的稳定性。第二,试题分半法(split-half method)。只进行一次测试,然后将试题的题号按奇偶数分为两半,计算两半所得分数的高低排列的相关性。第三,平行试题法(parallel forms method)。设计一套形式及内容与原试题平行的试题,让同一组学生在连续时间内或极短时间内考这两套题,然后计算两次成绩高低排列的相关。但采用这种方法也有一定问题,即编写一份与原试卷平行的试题是相当困难的。因此,实际工作中人们往往采用试题分半法来求得测试的信度。计算公式为:

$$r_{XY} = \frac{N \cdot \sum XY - (\sum X)(\sum Y)}{\sqrt{[N \cdot \sum X^2 - (\sum X^2)][N \sum Y^2 - (\sum Y^2)]}} \quad (公式1)$$

其中:

N = 考生人数

$\sum X$ = 奇数题目得分总和

$\sum Y$ = 偶数题目得分总和

$\sum XY$ = 奇数题目得分乘以偶数题目得分之和

需要指出的是,由于求得的信度系数是半个测试而非整个测试的信度,因而需要对该系数进行校正。一般采用斯皮尔曼—布朗(Spearman-Brown)公式校正:

$$r = \frac{2 \times R_{XY}}{1 + R_{XY}} \qquad (公式2)$$

其中:

r_{XY} = 两半试卷分数的相关系数

r = 整个测试的信度系数

如果用分半法求得两半试卷分数的相关系数为 0.75,那么整个测试的信度系数经上面公式 2 校正后为:

$$r = \frac{2 \times r_{XY}}{1 + r_{XY}} = \frac{2 \times 0.75}{1 + 0.75} = 0.857$$

经过校正后,我们发现整个测试的信度系数高于两半试卷的信度系数。这说明未经校正的信度系数低估了测试的实际信度,换句话说,增加测试的篇幅可以提高测试的信度。

然而,由于分半法可用不同的方法去把题目分成两半,所以采用不同的分半法所求得的信度系数往往不一致。例如,奇数题与偶数题之间的相关系数与前后两半题目之间的相关系数可能很不一致。此外,如果一份试卷内题目不多,结果会受到影响。可以设想,如果一套试卷中只有 10 道题,求 5 道题与另 5 道题之间的相关性,意义不大。其实,我们可以采用库德—查理逊公式 21(Kuder-Richardson Formula 21)来计算测试的信度系数,公式为:

$$r = \left(\frac{N}{N-1}\right)\left(1 - \frac{\overline{X}(N-\overline{X})}{N\sigma^2}\right) \quad \text{（公式 3）}$$

其中：

  N = 试卷的题目总数

  $\overline{X}$ = 考试成绩的平均数

  σ^2 = 整份试卷的方差

  上面我们介绍的这几个公式只适用于计算客观试题的信度。如果试卷中有主观试题,应改用其他公式,用得较多的是 Cronbach 的 α 系数公式：

$$\alpha = \left(\frac{N}{N-1}\right)\left(1 - \frac{\sum \sigma^2(Yi)}{\sigma_1^2}\right) \quad \text{（公式 4）}$$

其中：

  N = 试卷中的大题数(即试卷由几个部分组成)

  $\sum \sigma^2(Yi)$ = 每一大题的方差的总和

  σ_1^2 = 整份试卷的方差(关于方差的概念在第十四章中介绍)

13.2.1 影响考试信度的因素

  影响信度的因素有很多。例如,举行测试的时间和环境。早晨举行的测试可能比晚上进行的测试得分高一些。在安静、舒适的环境中进行的测试可能比在又脏、又乱、又吵的环境中进行的测试得分高一些。需要使用录音机的测试,分数变化会更大:录音是否清楚,耳机工作是否正常,周围有没有噪音等。考生中的个人因素也很重要:情绪好坏,是否疲倦,有无头痛发烧等。不过最主要的因素有下面这几条:

  1. 试题的量是否足够大。因为试卷只有保证足够的量,才能保证试卷的覆盖面更为合理。理论上讲,题目越多,信度越高。但一次考试的题目如果太多,考试时间过长,考生也受不了。一般来讲,一份标准化试卷的题量应不低于90道题。

2. 题目是否属于同一性质,即试题是否属于同一范畴。例如,考英语的试题中就不能插入其他科目的题目。

3. 题目的区分度是否高。区分度指题目能否把考生中好的和差的区分开来。题目的区分能力越高,测试的信度也就越高。

4. 考试之间的差异性是否大。这是指考生的分数分布情况是否呈现中间大、两头小的状态。这种分布统计学上称为正态分布(normal distribution)。在一次考试中,考生分数的分散情况越大,信度越高。(注意,这与题目的区分度也有关系。)

5. 题目难易度是否适中。题目太难或太易都会影响题目的区分度,从而影响测试的信度。

6. 评分是否客观。如果不同的评卷人会得出不同的分数,或者同一评卷人两次评阅容易得出不同的分数,那么这套试题的信度就会较差。客观测试的评分由于不受评卷人的影响,因此信度较高。主观测试的评分常常因人而异,所以难以达到较高的信度。

13.2.2 信度和效度之间的关系

信度和效度是衡量测试质量的最重要的两项指标,它们之间既相互依存,又相互排斥。一项测试如果可靠,那么其效度很可能也高,也很可能低;但是,如果一项测试不可靠,该测试必然无效。因此可以这样说,信度和效度的关系是单方面的。信度差则效度差,但效度差不一定信度差。

保证测试的高信度和高效度是测试工作者追求的目标。但这只能是个理想化的目标。因为一项测试要想做到信度和效度都很高往往是不可能的。但决不能为了追求高信度而忽视效度,也不能为了追求高效度而放弃信度。我们认为,Bachman(1990,160—161)在论

述信度和效度的关系时所持的观点是值得借鉴的。他说:

很多有关信度和效度的论述都强调两者的区别,而不是强调其相同之处。然而,我认为,承认两者是一个共同问题的两个互补的方面能使人们更好地理解它们,即找出、估计和控制有关因素对考试分数的影响。信度的研究与以下问题有关,即考生的考试表现(test performance)中有多少是由测量误差,或者说人们想测的语言能力之外的其它因素引起的;并且怎样最大限度地减少这些因素对考试分数的影响。而效度与另一问题有关,即考生的考试表现中有多大部分是由欲测的语言能力引起,并且怎样最大限度地加大这一因素对考试分数的影响。这样,信度和效度的问题可以被看成是考试编写过程中两大相互补充的因素。

在 Bachman 看来,信度和效度是紧密相连而且不可分割的。语言测试的目的是测量考生的语言能力,所以在设计试卷时,不能为了追求信度或效度而忽视另一方,而应采取一种积极平衡的态度,即研究并发现影响考生成绩(语言能力)的因素,消除不利因素(如测量误差)的影响,加大有利因素的影响,这样才能既保证了效度,又有了信度。

13.3 难度

信度和效度是针对整个试卷而言,而难度则是针对每个题目而言。分析一套试卷的质量如何,除了看其信度和效度这两个重要指标之外,还要研究试题的难度指数(index of difficulty 或 facility value),即试题的难易度。

题目的难度通常用 P 来表示。P 值实际上指的是答对题目的比率。假设有 10 名考生,某道题有 8 个人答对,那么该题的难度值为:

$$P = \frac{\text{答对该题的考生人数}}{\text{考生总人数}} = \frac{8}{10} = 0.8 \quad (\text{公式 } 5)$$

注意,公式 5 只适用于计算客观性试题的难度值。考生在做客观题时往往存在猜测因素,为了排除猜测因素对题目难度值的影响,可采用下面的公式进行校正:

$$CP = \frac{KP - 1}{K - 2} \quad (\text{公式 } 6)$$

其中:

CP = 校正后的试题难度;

P = 校正前的试题难度;

K = 选择项的数目。

假设上面这道题为三选一的选择题,校正后的题目难度值为:

$$CP = \frac{KP - 1}{K - 2} = \frac{3 \cdot 0.8 - 1}{3 - 1} = 0.7$$

公式 5 和公式 6 只适用于客观试题,对于主观性试题,则应采用下面的公式:

$$P = \frac{\text{该题得分的平均分}}{\text{该题的满分值}} \quad (\text{公式 } 7)$$

假设某写作题的满分为 20 分,所有考生在这道题上的得分的平均分为 16 分,则该题的难度值为:

$$P = \frac{\text{该题得分的平均分}}{\text{该题的满分值}} = \frac{16}{20} = 0.8$$

用 P 值表示题目的难度,简单明了,计算也较为方便。但用它来表示难度也有缺点,它不能加起来取平均值。理想的办法是用标准分(即 Z 值,详见第十四章)来表示。但 Z 值会出现负数,人们不容易理解,美国教育考试服务中心建议采用 Δ(读作 delta)来表示难度指标:

$$\Delta = 13 + 4Z \quad (公式 8)$$

这里的 13 和 4 是常数,是人们任意确定的,防止 Δ 出现负数。假设有一道题差不多所有的考生都做对了,即落在图 13.1 中 -3 的位置,$\Delta = 13 + 4(-3) = 1$,说明该题最容易。如果只有 0.1% 的考生答对该题,即落在图 13.1 的右端 $+3$ 的位置,$\Delta = 13 + 4(3) = 25$,说明该题最难。由此可以看出,用 Δ 来表示题目的难度值,取值范围在 1 至 25 之间。Δ 值越大,说明题目越难,Δ 值越小,题目越容易。

无论采用 P 值还是 Δ 值来表示题目的难度,且都有一个取值范

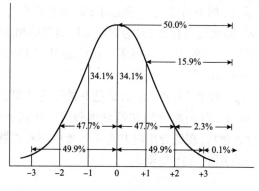

图 13.1　正态分布图

围。那么,题目的难度怎样才算合适呢? 一般来讲,考试的目的是把好学生和差学生区分开来,如果题目过易(如 $P = 1$,即所有考生都答对该题目)或过难(如 $P = 0$,即没有一个考生答对该题目),这样的题目等于形同虚设,无法将考生区分开来。如果有 100 名考生,某道题只有一个人做对,$P = 0.01$,该题可以把一个人从 99 个人中区分出来,也就是说 $P = 0.01$ 的题目可以做 99 次区别。如果 $P = 0.5$,说明 100 人中有 50 人答对该题目,50 人没答对,那么该题目可以做 $50 \times 50 = 2500$ 次区别,区别能力最强。当然,要保证所有题目的难度都达到 0.5 是不可能的。一般情况下,题目的难度最好控制在 $0.3 \sim 0.7$ 之间,平均难度掌握在 0.5 左右。低于0.3或高于0.7的题目不要过多。

13.4 区分度

除了难度之外,衡量题目好坏的另一个指标是题目的区分度。区分度指一个题目区分考生能力的程度。比如有一道题,考试中水平好的考生都答对了,水平差的考生都答错了,这道题的区分能力就很强。反之,如果好学生却答错了,差学生都答对了,则该题的区分度很差,需要进行修改,因为它与考试的目的相违背。

计算题目区分度的方法有很多。我们通过表 13.1 这个例子介绍一下区分度的计算方法。

表 13.1 显示的是 20 名考生对试题 6 的作答情况。我们把这 20 名考生按其总分分为高分组和低分组两组。在高分组内,共有 7 名考生答对该题目,在低分组内共有 4 名考生答对该题目。该题目的区分度可以用下列公式求得:

$$D = \frac{H_c}{H_c + L_c} \ (公式 9)$$

其中：

D = 区分度指数

H_c = 高分组考生答对某个题目的总数

L_c = 低分组考生答对某个题目的总数

表 13.1 简单题目分析

	考生代号	考生对试题 6 的选择		总分
		正确选择	错误选择	
高分组情况（N=10）	5	1		14
	25	1		14
	26	1		14
	8	1		13
	7		0	12
	9	1		12
	19		0	12
	4	1		11
	1		0	9
	3	1		9
		7		
低分组情况（N=10）	17	1		3
	27		0	3
	29		0	4
	6		0	5
	10		0	5
	21		0	5
	15	1		6
	18	1		6
	20	1		6
	23		0	6
		4		

将表 13.1 中的数字代入公式 9 可求得试题 6 的区分度为：

$$D = \frac{H_c}{H_c + L_c} = \frac{7}{7 + 4} = 0.65$$

根据公式 9 求得试题区分度的指数会在 0 至 1 之间。数值越大,说明试题的区分能力越强。按照这个公式求得试题 6 的区分度指数为 0.65,人们认为这是可接受的最低的区分度指数。

计算题目区分度的第二种常用的方法是点双列相关系数法(point biserial correlation coefficient),即求出考生的总分和题目答对率的相关性。当一个题目答对为 1,答错为 0,而且测试的总分是连续变量时(如考试实行百分制,89 分,91 分,98 分等就属于连续变量),可采用此法。计算公式为：

$$r_{pbi} = \frac{\overline{X}_p - \overline{X}_q}{S_X} \cdot \sqrt{pq} \quad （公式 10）$$

其中：

r_{pbi} = 点双列相关系数

$\overline{X}_p$ = 选择正确答案的考生的总分的平均数

$\overline{X}_q$ = 选择其他非正确答案的考生的总分的平均数

S_X = 所有考生总分的标准差

P = 选择正确答案的考生与全体考生的比例

q = 选择错误答案的考生与全体考生的比例

我们把表 13.1 的数据代入公式 10,计算过程为：

$$X_p = 9 + 11 + 14 + 13 + 12 + 9 + 6 + 9 + 3 + 6$$
$$+ 6 + 14 + 14 + 8 + 9$$

220

$$X_q = 143$$
$$X_q = 9+7+5+12+5+7+8+7+12+5$$
$$+7+6+8+3+4$$
$$= 105$$
$$\overline{X_p} = 143/15 = 9.53$$
$$\overline{X_q} = 105/15 = 7.00$$
$$S_X = \sqrt{\frac{\sum (X-X)^2}{N-1}} = 3.25$$
$$p = 15/30 = 0.50$$
$$q = 1-0.50 = 0.50$$
$$r_{pbi} = \frac{\overline{X_p}-\overline{X_q}}{S_X}\cdot\sqrt{pq} = \frac{9.53-7.00}{3.25}\cdot\sqrt{0.50\cdot0.5} = 0.39$$

用此法求得的点双列相关系数为 0.39,远远低于用公式 9 求得的题目的区分度。一般来讲,当点双列相关系数为 0.25 或高于 0.25 时,表明此题目可以接受。点双列相关系数适用于了解一个题目的预测能力。

计算题目区分度的第三种方法是使用双列相关系数(biserial correlation coefficient)。双列相关系数指考生的总分和题目答对率的相关性,计算公式为:

$$r_{bi} = \frac{\overline{X_p}-\overline{X_q}}{S_X}\cdot\frac{pq}{y} \qquad (公式 11)$$

其中:

r_{bi} = 双列相关系数

$\overline{X_p}$ = 选择正确答案的考生的总分的平均数

$\overline{X_q}$ = 选择其他非正确答案的考生的总分的平均数

S_X = 所有考生总分的标准差

P = 选择正确答案的考生与全体考生的比例

q = 选择错误答案的考生与全体考生的比例

y = 在正态分布中把 P 和 $1-q$ 区别开来的纵线

用双列相关系数表示题目的区分度,较按区分度指数更为精确,所以在大规模的考试中人们一般用它来表示题目的区分度。

13.5 实用性

实用性指试题是否便于使用以及实施起来是否可行。试卷要印得清楚醒目,避免拼法错误、遗漏或涂改。脏糊糊的卷面使学生产生反感,影响成绩。考试所需要的时间要估计恰当。最好事先经过模拟测验,标明各部分的时间分配。题目的措辞要清楚易懂,少用长句,少用专门术语。无论如何,不要在题目措辞上玩弄"花招",让考生去猜测或理解错。如果怕题目说不清楚,最好举例说明,让考生起码知道题目要他做什么。总之,试题要设计得一目了然,无需监考人做什么口头解释。

此外,设计的题目要尽量减少涉及各种器材设备。原因之一是,所需设备不一定处处都有。第二,器材设备的质量不一定完全一样。比如需要录音机,如果机子的质量好,放出来的效果就好;如果质量差,放出来的效果差,就有可能影响到考生的答题。第三,一次考试如果使用的设备过多,如录音机、幻灯机、放像机等等,换来换去,会把考生搞得头晕脑胀。一旦出现机械事故,便会影响考试的进行。其实,考试实施之前就应考虑到这些问题。如果有的考点无法提供这些设备,就无法进行考试。例如,大家都知道高考中应该加入听力测试,但就全国范围而言,是不是所有的地方都具备听力条件呢? 不具备这个条件,想法再好,也无法实施。

13.6 后效作用

后效作用(有人称为反拨效应,或反溅作用)指考试对于教学工作和外语学习的影响。测试可以发现教学中的问题,使教师把握学生的学习进程,当然对学生也有督促作用。但是,测试也会产生副作用。在一定程度上,考什么,学生就学什么;不考什么,学生就不学什么;考试怎么考,学生就怎么学。只要有考试,就有应试的现象。在我国很明显的例子就是大学英语四、六级考试。四、六级考试曾为大学英语教育的发展作出了不可磨灭的贡献。但形势发展之快,使它暴露出内在的缺陷。学生为了通过四、六级考试,天天做模拟试题。教师为了提高四、六级通过率,有时不顾正常的教学计划,辅导学生应考。学校领导也把四、六级通过率看成是衡量教师教学水平的尺子。其结果是,学生、教师把很多时间花在应试上,或多或少地影响了学生对英语本身的掌握和运用。高分低能和哑巴英语现象比较严重。所以有不少人呼吁,决不能让考试内容决定教学大纲,决不能让测试代替正常的教学活动。语言测试的后效作用如此之大,就需要我们在设计考试的时候一定要有意识地考虑到让考试给教学带来一种良好的导向作用。违反了这个目的,考试也就没有意义了。

第十四章 测试成绩的分析与解释

作为语言教师,除了会设计题目外,还应该掌握一些基本的统计方法。掌握一些这方面的知识有很多好处。第一,可以对测试的质量进行检验,如对测试的信度和效度等作出科学的论证,对测试题目质量进行分析等;第二,能够正确理解测试成绩所代表的意义,对测试成绩作出科学的分析和解释。第三,能够阅读有关文献,提高自己的外语科研水平。限于篇幅,本章只介绍语言测试中经常用到的一些基本的统计分析概念和方法。

14.1 分数的分布

考生的成绩是考生与试卷相互作用的结果,把它用数值来表达,就是考生的分数。考试实施完之后,每个考生都得到一个分数。如果孤立地去看待每个分数,显然是没有意义的。比如说,某考生得了 84 分,这个分数是高还是低呢?不把他的成绩和他人的成绩相比较是无法作出判断的。也就是说,在对每个考生的分数作出解释前,必须检查整个考试的情况。首先要做的是看看考试分数的分布是否呈正态。

一般来讲,在一次测试中,如果只有极少数考生得分很低或很高,大部分考生的得分介于两者之间,考生分数的分布形成中间大,两头小的形状,这种分布状态统计学上称为正态分布(normal distribution)。在图 14.1 中,横轴 X 表示的是考生的成绩,越往右分数越高;纵轴 Y 表示的是考生的人数,箭头方向表示人数越来越多,图中的曲线叫正态分布曲线。这条分布曲线图具有对称起伏的形状,形成的是一个"钟形"曲线。这条曲线有三个特征:第一,它只有一个高峰,即只有一个最高点,看上去"中间高,两边低",类似一个尖塔或古钟(如出现的两个峰,问题就很严重,那意味着参加考试的学生不属于一个群体);第二,它有一个对称轴。曲线在高峰处有一个对称轴,轴的左右两边是对称的;第三,曲线无论向左或向右延伸,都愈来愈接近横轴,但不会与横轴相交,只是以横轴为渐近线。

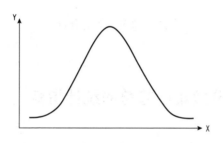

图 14.1 正态分布图

在大规模考试中,考生水平的分布一般是呈正态的,因此考生分数的分布也应当呈正态。如果出现偏离正态的情况,如考生分数的分布出现正偏态(如图 14.2a),说明考试题目太难,多数考生得分很低,分数集中在低分区,而不是在正中,两侧也不对称。如果考生分数分布出现负偏态(如图 14.2b),说明考试题目偏容易,多数考生的分数都很高,考生的分数都集中在高分区。

一次考试的分数分布是否符合正态,可用相应的计算机软件绘出分数的分布图,一看便知道。也可以使用公式(在 14.5 中介绍)计算出其偏态值(skewedness)和峰值(kurtosis)。偏态值表示的是分数偏离正态的情况;峰值表示分布曲线的最高点是"尖的"

（表现为正值）还是"平的"（表现为负值）。如果偏态值和峰值都为0，或者接近0，就意味着分数分布呈正态。

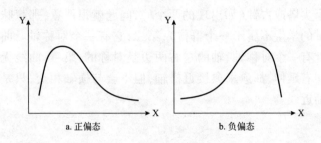

a. 正偏态   b. 负偏态

图 14.2 正负偏态分布

14.2 描述分数集中趋势的统计指标

考试后我们得到一大堆数据，这堆数据有什么特征呢？我们不可能把数据一个一个地罗列出来，这样做既费时，又说明不了问题。常用的办法是描述这些分数的集中趋势，求出其集中量数（measures of central tendency）。集中量数反映数据向某一点集中的情况。一般来讲，用来描述数据集中趋势的统计量，最常见的有平均数（mean），中位数（median）和众数（mode）。

14.2.1 平均数

平均数又叫算术平均数，是用来描述次数分布集中趋势最常用的一种方法。其计算方法是，把一组数据中的每个数据相加，然后再除以该组数据的个数，得到的值即为该组数据的平均数。用公式表示为：

$$\bar{x} = \frac{\sum x}{N} \quad （公式1）$$

其中 $\bar{x}$（读作"x bar"）表示平均数，x 为每个分数的值。$\sum$（读作 sigma）表示几个数字相加，即"……之和"的意思，N 为数据的个数。

假设我们进行了一次词汇测试，满分为 15 分，共 30 名学生参加，考试结果如下：

表14.1 30名考生词汇成绩

分数	0	1	2	3	4	5	6	7	8	9	10	11	12	13	14	15
频次分布	0	0	0	2	1	3	4	4	3	5	0	1	3	1	3	0

应用公式1，可求得这些考生的平均成绩为：

$$\bar{x} = \frac{1+2+2+3\times2+4\times1+\cdots\cdots15}{30} = \frac{248}{30} = 8.27$$

平均数计算简便，易于理解，是人们应用最普遍的一种集中量数。但是也有缺点，使用时一定要注意。如，它易受极端数据（extreme scores）的影响，当一组数据中出现极端数据时，就不能用它来代表该组数据的集中趋势。比如在 50 个学生的成绩中，大部分学生正常，只要有一个得 0 分的学生，平均分则急剧下降，不适合代表该组数据的典型水平。同样，有两个分数为 100 的学生，也会使平均数急剧增高。此外，如果一组数据中有不等质的数据时，不能使用平均数。

14.2.2 中位数

中位数又称中数，是指把一组数值按从低到高或从高到低的顺序排列后位于中间位置的那个数。假设有这样一组数字:1, 3, 5, 7, 9, 11, 13, 在这组数据中, 位于中间的数字是7,所以7是该组数据的中位数,因为在7左边有三个数字,在7的右边也有三个数字,7刚好位于正中间。

上面举的例子中数据的个数只有一例,不用平均数。属奇数,计算中位数容易些。如果得到的数据的个数是偶数,那就取其中间的两个数据的平均数,如3, 6, 7, 9, 20, 21的中位数为:

$$\frac{7+9}{2} = 8$$

用中位数表示集中量数的优点是简单方便,尤其是当一组数据中出现极端数据,或一组数据的两端有模糊数据出现时,一般用中位数来作为该组数据的代表值,而不用平均数。但计算时由于不是每个数据都加入计算,从而有较大的抽样误差,不如平均数稳定。

14.2.3 众数

众数又称范数,是指一组数据中出现次数最多的那个数值。如有这么几个考试分数:35,38,38,41,43,在这组分数中,出现次数最多的值是38,故38是该组数据的众数。

当一组数据出现不同质的数据时,或数据分布中出现极端数据时,可以用众数对该组数据的集中趋势作粗略估计。

平均数、中位数和众数都有其稳定的一面,又有不稳定的一面。所以观察集中趋势时,最好这三个量都看一看。它们越是相近,数据曲线越接近正态;相差越大,越接近偏态。三个数字完全相同时,是最理想化的正态。

14.3 描述分数离散趋势的统计指标

描述一组数据的特征仅用集中量数是不够的。我们还需要考虑数据的分散情况。有时,两组数据的平均数和中位数可能完全相同,但这两组数据之间会存在着很大的区别。如下面这两组数据:

A 组: 79   79   79   80   81   81   81
B 组: 50   60   70   80   90   100   100

这两组数据的平均数和中位数均为 80,但不能据此就简单认为这两组学生的水平是一样的。A 组数据与 B 组数据之间是有区别的。首先 A 组中的数据相对比较集中,每个数据的值与平均数 80 相差无几;而 B 组中的数据相对分散一些,反映了数据参差不齐,即考生之间水平不一,相差很大,它反映了数据分布的另一个重要特征——变异性(variability)。描述数据离散趋势的统计量称为离散量数(measures of dispersion)。

集中量数描述的是一组数据的典型情况,离散量数则反映了数据的特殊情况。我们在研究一组数据的特征时,不但要了解其典型情况,而且还要了解它们的特殊情况。只有这样,才能更为透彻地了解数据之间的差别。常用的表示数据离散趋势的统计指标有全距(range)、四分位区间距(interquartile range)、方差(variance)和标准差(standard deviation)。

14.3.1 全距

把一组数据按从小到大的顺序排列,用最高分减去最低分,所得的值就是全距,即最高分和最低分之间的距离。上面 A 组数据的全距为:81 - 79 = 2;B 组数据的全距为:110 - 50 = 60。全距小,说明数据的分布相对集中;全距大,说明数据的分布较为分散。全距的优点是计算方法简单,而且容易理解。缺点是由于它只考虑到两端的数值,没有考虑中间数值的差异情况(这个差异可以很大),描述数据时不太稳定。

14.3.2 四分位区间距

我们知道,中位数可以用来表示一组数据分布的集中趋势。中位数正好把一组数据一分为二。如果我们把中位数左侧和右侧的分布再各分成两个部分,得到的是四个相等的分位(quartiles)。这组数据的第一个四分位(即 25% 的位置)的值正好处于数据分布的 1/4 处,中位数正好是第二个四分位的值,第三个四分位的值刚好位于该组数据分布的 3/4 处。我们把第三个四分位的值减去第一个四分位的值,所得到的值叫作四分位区间距(interquartile range,IQR),统计学上也用这种方法来表示数据的离散情况。如上面 A 组数据的四分位区间距为 81 - 79 = 2;B 组数据的四分位区间距为 100 - 60 = 40。这个间距越大,离散趋势越大;这个间距越小,离散趋势越小。

14.3.3 方差和标准差

用全距表示数据的离散趋势不很精确,因为它只考虑到最高值和最低值,没有考虑到中间的数值。四分位区间距一般也只用来分析参加测试人数较少的成绩。描述数据变异性特征最常用的统计指标是方差和标准差。方差是先把一组数据中每个数据与该组数据的平均数之差进行平方,求其和,然后再除以数据的个数。计算公式为:

$$S^2 = \frac{\sum (x - \bar{x})^2}{N} \quad \text{(公式 2)}$$

其中 S^2 表示方差, x 为每个分数的值, $\bar{x}$ 表示该组数据的平均值, $\sum$ 表示连加,即"……之和", N 为数据的个数。由于方差数值较大,人们一般用方差的平方根,即标准差来表示数据的离散情况。其公式为:

$$S = \sqrt{\frac{\sum (x - \bar{x})^2}{N}} \quad \text{(公式 3)}$$

其中 S 表示标准差, x 为每个分数的值, $\bar{x}$ 表示该组数据的平均值, $\sum$ 表示连加,即"……之和", N 为数据的个数。

需要指出的是,上述公式是针对总体(population)而言的,即以总体作为研究对象。在实际研究中,根据需要往往只从总体中抽取部分样本(sample)作为研究对象,得到的是样本的统计特征。例如,要研究的整体为全北京市中学生,经过随机抽样只取样本2,000。这时,计算标准差的公式则为:

$$S = \sqrt{\frac{\sum (x - \bar{x})^2}{N - 1}} \quad \text{(公式 4)}$$

由于上述求标准差的公式计算起来较为繁琐,不方便,人们通常使用下述公式:

$$S = \sqrt{\dfrac{\sum x^2 - (\sum x)^2/N}{N-1}} \quad （公式5）$$

注意上述公式中的 $\sum x^2$ 是先把每个数值平方,然后再累加;$(\sum x)^2$ 是先把每个数值相加,然后再平方。

假设某班的期末英语成绩为如下分数,求该班成绩的标准差。

95, 92, 90, 89, 88, 87, 87, 87, 85, 84, 82, 78, 78, 78, 74, 70, 69

$$\sum x = 95 + 92 + \cdots\cdots + 69 = 1413$$
$$\bar{x} = 1413 \div 17 = 83.12$$
$$\sum (x - \bar{x})^2 = (95 - 83.12)^2 + (92 - 83.12)^2 + \cdots\cdots = 909.76$$
$$N = 17$$

按公式 2 求得该次考试的标准差为:

$$S = \sqrt{\dfrac{\sum (x - \bar{x})^2}{N}} = \sqrt{\dfrac{909.76}{17}} = 7.32$$

标准差是用来表示考试成绩差异程度最好的指标,其值越大,说明分数分布的离散程度越大;其值越小,说明分数分布集中,离散程度越小。就像人们用平均数来描述考试成绩的总体情况一样,人们常用标准差来了解成绩的分布情况。

14.4 标准分(standard score)

假设某考生的英语听力成绩为75分,阅读成绩为82分,那么,该考生哪方面更强一些呢？从分数来看,阅读比听力高出 7 分,能不能说该生的阅读能力要比听力强呢？这要视不同情况而定。如果班上其他学生的听力成绩都在 70 分以下,阅读成绩都在 85 分以上,相比较而言,该生的听力成绩要强于阅读成绩。

如果全班学生听力成绩的平均分为 72 分,标准差为 4;阅读成绩的平均分为 80,标准差为 6,说明该考生的听力和阅读成绩均高于平均分,但看不出他的听力成绩好还是阅读成绩好。

上面的例子说明,用原始分数无法说明一个学生两次考试孰好孰坏,因为原始分数在不同的考试中所代表的含义不一样,因此无法比较。如果要比较来自不同考试的两组分数,首先要对他们进行处理,把它转换成标准分(又称 Z 分)。标准分是以标准差为单位,表示某一分数与平均数的差。例如某次考试结果的平均数为 80,其标准差为 10,一个考生在考试中得 90 分,即比平均分多得 10 分,由于恰好这次考试的标准差也是 10,故我们可以说这个考生比平均分多出一个标准差,也可以说他的标准分是 1。标准分的计算公式为:

$$Z = \frac{x - \bar{x}}{S} \quad （公式 6）$$

其中 x 为某一原始分数,$\bar{x}$ 为平均数,S 为标准差。故上例的标准分为:

$$Z = \frac{90 - 80}{10} = 1$$

标准分是可以比较的,因为它以标准差为单位,反映了一个原始分数在团体中所处的位置。这样,我们把上面提到的某考生的听力和阅读成绩分别转换成标准分,比较一下他哪科考得更好。

把上面的数据代入计算标准分的公式:

$$Z_{听力} = \frac{x - \bar{x}}{S} = \frac{75 - 72}{4} = \frac{3}{4} = 0.75$$

$$Z_{阅读} = \frac{x - \bar{x}}{S} = \frac{82 - 80}{6} = \frac{2}{6} = 0.33$$

计算结果为 $Z_{听力} > Z_{阅读}$,说明该考生的听力水平要强于阅读理解。

通过上面的计算不难发现,标准分实际上是以标准差为单位,计算某一原始分数与平均分的距离,即该原始分数高于还是低于平均分几个标准差。如果某考生的分数恰好等于本次考试的平均分,无论该考试的标准差是多少,其标准分为 0。例如,某考生的语法测试成绩为 78 分,该考试的平均分也为 78 分,标准差为 5,其标准分为:

$$Z = \frac{78 - 78}{5} = 0$$

另外我们还会发现,如果某考生的得分高于平均分,其标准分为正值;如果其得分低于平均分,标准分为负值;如果其得分高于平均分一个标准差单位,他的标准分为 +1。在把原始分数转换为标准分之后,标准分成了一种抽象的数值,不受原测量单位的影响。因此,把不同单位的数据转换成标准分之后就可进行比较。

由于标准分有正负之分,使用起来不方便,而且通知某考生的标准分为负值,听起来令人不快,所以在实际工作中人们常用 T 分数。其公式为:

$$T = 50 + 10Z \quad （公式7）$$

假设某考生的词汇成绩为 59 分,标准分为 - 0.96,其 T 分数为

$T = 50 + 10 \times (-0.96) = 40.4$。

14.5 偏态值和峰值

在 14.1 中我们提到,一次考试的分数分布是否符合正态,可以使用目测法,即用相应的计算机软件绘出分数的分布图,看一看其分布是否呈正态。也可以使用公式计算其偏态值和峰值,来看分数的分布是否正态。计算偏态值(用 g_1 表示)和峰值(用 g_2 表示)的公式分别是:

$$g_1 = \frac{\sum (x - \bar{x})^3 / N}{\sum (x - \bar{x})^2 / N \times \sqrt{\sum (x - \bar{x})^2 / N}} \quad (公式 8)$$

$$g_2 = \frac{N \sum (x - \bar{x})^4}{[\sum (x - \bar{x})^2]^2} - 3 \quad (公式 9)$$

根据上面的公式,如果 g_1 大于 0,表明分数的分布为正偏态,即分数分布曲线的峰偏向了左边,也就是偏向了低分区,换句话说,低于平均分的人数超过了总人数的 50%。如果 g_1 小于 0,表明分数的分布为负偏态,即分数分布曲线的峰偏向了右边,也就是偏向了高分区,此时,得分高于平均分的人数超过了总人数的 50%。最理想的偏态值应为 0,因为这个时候的曲线分布为正态。

峰值表示分数分布曲线的峰是高尖的还是矮平的。如果 g_2 大于 0,说明曲线的峰比理想的峰高尖,也就是说考试分数高分集中在中间段。如果 g_2 小于 0,表示曲线的峰比理想的峰矮平,也就是说考试分数过分散开。同偏态值一样,最理想的峰值也应为 0。一般来讲,一个考试的偏态值和峰值如果能控制在 ±1 之内,其分数分布可认为基本符合正态分布。

假设有 6 个分数,分别是:1,1,2,3,6,8,计算其偏态值和峰值。

计算过程为：

$$\bar{x} = (1 + 1 + 2 + 3 + 6 + 8) \div 6 = 3.5$$

$$\sum (x - \bar{x})^2 = (1 - 3.5)^2 + \cdots + (8 - 3.5)^2 = 41.5$$

$$\sum (x - \bar{x})^3 = (1 - 3.5)^3 + \cdots + (8 - 3.5)^3 = 72$$

$$\sum (x - \bar{x})^4 = (1 - 3.5)^4 + \cdots + (8 - 3.5)^4 = 532.375$$

$$N = 6$$

$$g_1 = \frac{\sum (x - \bar{x})^3 / N}{\sum (x - \bar{x})^2 / N \times \sqrt{\sum (x - \bar{x})^2 / N}}$$

$$= \frac{72/6}{41.5/6 \times \sqrt{41.5/6}}$$

$$= 0.6596$$

$$g_2 = \frac{N \sum (x - \bar{x})^4}{[\sum (x - \bar{x})^2]^2} - 3$$

$$= \frac{6 \times 532.375}{41.5^2} - 3 = -1.145$$

计算结果显示，该组分数的分布属于正偏态，峰值较平。

第十五章 结束语：努力实现
语言测试的现代化

讲到这里,这个讲座应该结束了。但是,根据我国目前语言测试的现状,还有几个问题应该提出,那就是如何逐渐实现语言现代化的问题。下面从教师、学校和全国范围三个角度讲些意见。

对语言教师来说,应该认识到语言测试知识的重要性和盲目地设计试题的弊病;要做到每设计一套题(哪怕是一次测验),都要力求使之科学,能够测出自己要测的东西。每次测试之后,千万不要评出分来了事。要计算一下分数分布情况,划出分布曲线,评估一下测试的效度、信度和项目的区分度。研究一下区分度较好的项目是如何设计的,区分度为负数的项目(即好学生都做错了,差学生都做对的项目)的毛病在哪里。

教师应该注意保存自己用过的试卷。有条件的话,在试卷上记下使用时间及学生水平(哪个年级),算出各种统计指标。这种试卷积累多了,就是研究测试的宝贵素材。当然,现在多数教师都有计算机,用它来编制和保存试卷也方便多了。

做到以上几点是不容易的。但是,这些工作做好了,不仅在将来设计题目时节省时间,而且会帮助我们明确教学重点,减少盲目性,有利于提高教学质量。

单靠教师的个人努力只能解决一些局部问题。还应该得到系(科)和学校的积极支持。有关领导应该充分认识到测试科学的重要性,鼓励教师研究测试,组织测试小组,专门负责全系或全校的题目设计和分析。外语院校应该有自己的测试机构,使校内的重大测试科学化、标准化、制度化。具体应做下列事情:

成立测试小组,培养他们成为专家,由他们向全系教师宣讲语言测试理论,负责全系和全校重大测试的设计和分析。

建立各种外语测试题库,就是把许多题目用卡片或计算机储存起来。到考试时,从题库中抽出合适的题目,拼成一套试题。题库的建设是一项很复杂很费力的工作,必须发动专业人员和教学一线的教师编写题目(不抄别人的题目,而是根据自己的教学经验和积累的材料编写)。题目的设计要符合测试的要求和规范。另外,放进题库的题目必须经过预测,各项指标合格后方可编入题库。所谓指标合格,主要是指信度、效度、难易指数和区分指数等。当然,题库建设要有一定的理论指导。是按经典测试理论来建立题库还是按现代教育测试理论来建立题库,题库建设人员必须心里有底。

有了题库,就能使重要的测试标准化。对每个年级都要进行入学考试、年终考试(即升级考试)和毕业考试,而且对其分数分布有准确的计算。这样不仅可以跟踪一个年级,而且可以对历届的新生成绩、一年级成绩、二年级成绩等进行比较。由于题目选自同一题库,每年的难度基本相同。用同一个尺度去衡量不同届的学生,才能看出区别。有了这样的制度,我们才能有把握地、确切地说某年级比某年级成绩好;评估教学质量,分析教学中的问题,才有依据。目前的情况还不是这样,大都凭印象去判断。实际上,升级和毕业往往随着学生质量的好坏而变化难易程度,或实行分数贬值,让学生升级和毕业。这离标准化和科学化的测试相差太远。

与此有关的是评分机器化。除主观测试项目不得不由教师评分以外,大部分项目用机器评分,排除了评分中的主观因素,使学生"在机器面前人人平等"。这样做,不仅为教师"解了围",而且可以打消学生的侥幸心理——机器阅卷是不留情面的。

测试小组要对每次重大测试作出分析,向全体教师汇报情况,并把资料存档,测试办公室要贴出历次测试的成绩图表,让有关人员对学生的质量的变化一目了然。经过几年的数据积累,要根据数据写出关于教材、教法、学生水平的分析报告,总结教学的经验和教训,特别是在对新教材和新教法进行实验的时候,尤其应该这样做。实验要有详细的计划,不是盲目的;不是"事后诸葛亮"式的。这样测试才有目的,结论才有根据。做对了,知道为什么对;错了,知道为什么错。这一切,只有测试达到标准化和科学化之后,才有可能。

对于全国性测试,要有国家专门测试机构的指导,负责重大测试事宜,负责语言测试的改革。应该根据我国的社会需要和文化特点,吸取国内外经验,提出自己的测试理论和改革意见,不断改进现在的几种全国性的统一考试,逐步建立其他类型的全国性标准化语言测试。

目前,我国每年有大大小小的外语考试数以千计。影响较大的有高考外语测试,研究生入学英语考试,全国大学四、六级英语考试,出国人员外语水平考试,全国职称外语等级考试等。这些考试有的是用来升学,有的是用来出国,有的是用来决定晋级。外语考试多,说明大家都认识到了外语的重要性。但是,如何不断提高各类外语考试的质量,如何使我们的外语考试更加科学化、更加规范化,则需要各级行政管理部门,各方面的专业人员及广大语言测试工作者深入地研究和探讨。

测试的科学化主要指测试的效度和信度,特别是效度。测来测去,最后发现测试的不是外语,而是其他什么本事,就没有科学化可言。也就是说,如果在你的英语测试中得了很高的成绩,而实际上考生既不会讲英语,也不会写英语,那么这种测试就不是科学的——它测试的是语言运用之外的什么鬼东西。现在用测试替代教学,用证书压倒能力,把学外语看成是在 A、B、C、D 上打勾勾,都是不正常的现象,一旦广大外语教师用科学的测试理论武装起来,这种骗人的局面就会彻底地改变。

语言测试的现代化,一方面意味着测试活动的各个环节是用现代测试理论为支持的,另一方面就是要测试的电脑化,计算机不仅可以用来储存材料、建立题库、编制试卷等,而且可以用来阅卷评分,作题目分析和模拟录取等。近年来,计算机已在大规模的外语测试中已经得到了广泛的运用,为大规模的评分和统计工作创造了良好的条件,不仅节省了人力,其客观性和准确性都大大地提高了。但这只有个别单位和在个别环节上用计算机处理某些问题,离系统化和程序化还差得很远。另外,测试专家要与计算机专家相联合,逐步实现外语测试的"机上测试",即在计算机上实施任何水平的测试,不受时间、地点的限制,并当场打出测试结果。现在,托福已经实现了"机上测试",并且这是一种计算机顺应性测试(computer adaptive testing)。所谓计算机顺应性测试是指计算机可以根据考生对某些题目的反应来呈现下一步应该出什么题目。一开始,计算机会给考生出现一个中等难度的题目,如果该考生做对了,便增加下一个题目的难度。如果又做对了,下一个题目的难度再增加一点。如果做不对或者考生犹豫,计算机就会给出一个难度相当的题目。经过几次调整,该考生的水平便被计算机"摸"出来了。这种测试方式既省时、又省力,而且可以现场报告出考生的成绩。随着因特网的发展,将来还可以实现网上测试。这已经是可能的事了。

　　笔者衷心希望,广大语言教师和各个层次上的主管外语教育的人员,都学习一点语言测试的知识,为实现我国语言测试的现代化而奋斗。

参考书目

Alderson, J. C. 1979. The cloze procedure and proficiency in English as a foreign language. In *TESOL Quarterly*, 13, pp. 219—223

Alderson, J. C. and B. North (eds). 1991. *Language Testing in the 1990s*. Macmillan.

Anastasi, A. 1982. *Psychological Testing* (5th edition). Macmillan.

Bachman, L. F. & A. Palmer. 1996. *Language Testing in Practice*. Oxford University Press.

Bachman, L. F. 1990. *Fundamental Consideration in Language Testing*. Oxford University Press.

Bachman, L. F. 1991. What does language testing have to offer? *TESOL Quraterly*. 25(4)

Bachman, L. F. etc. 1995. *An Investigation into the Comparability of Two Tests of English as a Foreign Language*. Cambridge University Press.

Baker, D. 1989. *Language Testing—A critical survey and practical guide*. Edward Arnold.

Brumfit, C. J. & K. Johnson (eds.) *The Communicative Approach to Language Testing*. Oxford University Press.

Canale, M. & Swain, M. 1980. Theoretical bases of communicative approaches to second language teaching and testing. In *Applied Linguistics*. 1. pp. 1—47.

Carroll, B. J. 1980. *Testing Communicative Performance*. Pergamon Press.

Carroll, J. B. 1981. *Specifications on an English Language Test.* The British Council.

Clark, J. L. D. 1975. Theoretical and technical considerations in oral proficiency testing. In Jones, R. L. And Spolsky: *Testing language proficiency.* Center for Applied Linguistics.

Cohen, A. 1994. Assessing *Language Ability in the Classroom.* 2nd edition. Newbury House/Heinle and Heinle.

Davis, A. 1990. *Principles of Language Testing.* Basil Balckwell.

Heaton. J. B. 1988. *Writing English Language Tests.* 2nd edition. Longman.

Henning, G. 1987. *A Guide to Language Testing.* Newbury House.

Hinton, R. R. 1995. *Statics Explained: A guide for social science students.* Routledge.

Hughes, A. 1989. *Testing for Language Teachers.* Cambridge University Press.

Hughes, A. And D. Porter (eds). 1983. *Current Development in Language Testing.* Academic Press.

Hymes, D. 1972. On communicative competence. In J. B. Pride & J. Holmes (eds). *Sociolinguistics*, pp. 269—293. Penguin.

Klein-Braley, C. 1981. *Empirical Investigation of Cloze Tests.* Doctoral Dissertation, University of Duisburg.

Klein-Braley, C. 1985. A cloze-up on the C-test: a study in the construct validation of authentic tests. *Language Testing.* 2. pp. 76—104.

Lado, R. 1961. *Language Testing.* McGraw-Hill.

Madsen, H. S. 1983. *Techniques in Testing.* Oxford University Press.

McNamara, T. F. 1996. *Measuring Second Language Performance.* Longman.

Morrow, K. 1979. Communicative language testing: Revolution or evolution? In Brumfit and Johnson (eds). 1979.

Oller, J. W. Jr. (ed). 1983. *Issues in Language Testing Research*. Newbury House Publishers, Inc.

Oller, J. W. Jr. 1979. *Language Tests at School*. Longman.

Pilliner, A. E. G. 1968. Subjective and objective testing in Davis 1968.

Richards, J. C. & T. S. Rodgers. 1986. *Approaches and Methods in Language Testing*. Cambridge University Press.

Skehan, P. 1988. Language testing: survey article, Part I. *Language Teaching Abstracts*. 21(4). pp. 211—221.

Skehan, P. 1989. Language testing: survey article, Part II. *Language Teaching Abstracts*. 22(1). pp. 1—13.

Skehan, P. 1990. Progress in language testing: the 1990s. In Alderson, C. and North, B. (eds): *Language testing in the 1990s*. Macmillan Publishers Limited.

Spolsky, B. 1985. The limit of authenticity in language testing. *Language Testing*. 2(1)

Spolsky, B. 1995. *Measured Words: The Development of Objective Language Testing*. Oxford University Press.

Swain, M. 1993. Second language testing and second language acquisition: Is there a conflict with traditional psychometrics? *Language Testing*. 10(2), pp. 193—207

Taylor, W. 1953. Cloze procedure: a new tool for measuring readability. In *Journalism Quarterly*. 30.

Weir, C. 1990. *Communicative Language Testing*. Prentice Hall.

Weir, C. 1993. *Understanding and Developing Language Tests*. Prentice Hall.

Weiss, C. H. 1972. *Evaluation Research: Methods for Assessing Program Effectiveness*. Prentice-Hall.

Widdowson, H. G. 1972. The teaching of English as communication. In Brumfit and Johnson (eds). 1979.

桂诗春,1986,《标准化测试—理论、原则与方法》,广东高等教育出版社。

李筱菊,1997,《语言测试科学与艺术》,湖南教育出版社。

徐 强,1992,《英语测试的理论与命题实践》,安徽教育出版社。

徐 强,1998,《全国出国人员交际英语水平测试研究》,上海外语教育出版社。

高兰生、陈辉岳,1996,《英语测试论》,广西教育出版社。

张敏强,1998,《教育测量学》,人民教育出版社。

舒运祥,1998,《外语测试的理论与方法》,世界图书出版公司。